Garth Callaghan

In Liebe, dein Dad

Kösel

Garth Callaghan

In Liebe, dein Dad

Das Vermächtnis
eines todkranken Vaters
an seine Tochter

Aus dem Englischen von
Maja Ueberle-Pfaff

Die Originalausgabe erschien unter dem Titel »Napkin Notes. Make Lunch Meaningful, Life Will Follow« bei Harper Collins, New York. Published by arrangement with Harper One, an imprint of Harper Collins Publishers, LLC.

Verlagsgruppe Random House FSC® N001967
Das für dieses Buch verwendete FSC®-zertifizierte Papier
Munken Premium Cream liefert Arctic Paper Munkedals AB, Schweden.

Weitere Informationen zu diesem Buch und unserem
gesamten lieferbaren Programm finden Sie unter
www.koesel.de

Für Emma:

826 Servietten werden nie genug sein

Einleitung

Als meine Tochter noch ein Baby war, schaukelte ich sie häufig in den Schlaf. Sie lag in einer Wiege, die wir extra zu diesem Zweck ins Kinderzimmer gestellt hatten. Meine Frau Lissa verbrachte viele Stunden mit Stillen, weswegen ich fand, es sei doch das Mindeste, dass ich die Kleine regelmäßig ins Bett brachte. Ehrlich gesagt, genoss ich dieses Ritual sehr – die leisen Laute, die Emma von sich gab, während der Schlaf sie überkam, und die Minuten, in denen ich in aller Ruhe ihre winzigen Fingerchen und Wimpern und ihren süßen Schmollmund betrachten konnte. Das war meine Zeit. Ich schaukelte die Wiege, ließ meinen Gedanken freien Lauf und freute mich an meiner kleinen Tochter.

Häufig kam unser Hund Lucy dazu und rollte sich neben uns auf dem Teppich zusammen. Lucy liebte Emma und wollte immer im selben Raum sein wie ihre »Schwester«.

Als Emma schon fast ein Jahr alt war, aber immer noch gern zuließ, dass ich sie in den Schlaf schaukelte, fiel mein Blick eines Abends auf Lucy. Und ich weiß nicht, wieso, doch ging mir auf einmal der Gedanke durch den Kopf, dass ich Emma eines Tages würde eröffnen müssen, dass Lucy gestorben war. Lucy war damals drei, und angesichts der Lebenserwartung von Hunden würde das vermutlich um Emmas achten oder neunten Geburtstag herum passieren. Ich würde ihr erklären müssen, dass Lucy nicht mehr lebt und Emma damit sehr traurig machen.

Meine Stimmung war plötzlich getrübt. Wie sollte ich das nur schaffen? Es bereitete mir große Freude, mit Emma die schönen Seiten des Lebens zu teilen, aber sie mit den Tragödien zu konfrontieren – das hätte ich ihr gern erspart.

Damals ahnte ich noch nicht, dass ich ihr viermal während ihres jungen Lebens würde sagen müssen, dass ich Krebs hatte. Und sie im Grunde viermal würde belügen müssen, denn ich versprach ihr jedes Mal, dass ich überleben würde. Das werde ich aber nicht. Inzwischen weiß ich, dass der Krebs mich umbringen wird. Es ist nur eine Frage der Zeit. Kürzlich eröffneten mir meine Ärzte, dass ich eine achtprozentige Chance hätte, die nächsten fünf Jahre zu überleben.

Emma ist jetzt vierzehn. Ich habe eine achtprozentige Chance, ihren Highschool-Abschluss mitzuerleben.

Es ist mir fast unmöglich, diese Worte niederzuschreiben. Manchmal kann ich die Tatsache, dass mein Leben bald zu Ende geht, nicht an mich heranlassen. Ich hätte sicher weniger Angst vor dem Tod, wenn es Emma nicht gäbe. Ich könnte sagen: »Es war doch alles in allem eine tolle Zeit.« Aber ich ertrage den Gedanken nicht, meine Tochter alleinzulassen, nicht da zu sein, wenn sie heranwächst, sie nicht unterstützen und beraten zu können, nicht mit ihr zu lachen. Nicht ihr Vater zu sein.

Deshalb musste ich eine andere Möglichkeit finden. Mir

bleibt nicht mehr viel Zeit, doch ich habe eine Methode gefunden, durch die ich ihr jeden Tag zeigen kann, wie sehr ich sie liebe, wie unerschütterlich ich hinter ihr stehe und wie viel mir der Mensch bedeutet, der sie ist und der sie einmal sein wird. Ich schreibe ihr jeden Morgen ein paar Worte auf die Papierserviette, die ich ihr in die Lunchbox lege.

Davon erzähle ich hier, denn keiner von uns weiß, wie viel Zeit er noch hat. Ja, sicher, wir alle laufen auf diesem Planeten herum, als wären wir unsterblich. Aber das Leben kann uns von einer Sekunde auf die nächste genommen werden. Mir wurde das Wissen, dass mein Ende nah ist, als »Geschenk« gegeben. Ich nehme mir nun die Zeit, Bilanz zu ziehen, und sage den Menschen, die ich liebe, wie viel sie mir bedeuten. Denn das ist das Einzige, was zählt. Dein Haus, dein Konto, deine Talente, dein Beruf – nichts davon ist wirklich von Bedeutung. Es geht allein um die dauerhaften Beziehungen, die wir mit anderen aufbauen. Nur um sie. Sie sind das Wesentliche.

Dieses Buch ist ein Appell: Wach auf. Öffne dich. Zeig deine Gefühle. Greif zum Telefon. Schreib diesen einen Brief, den du schon lange schreiben wolltest. Ich kenne die Zerbrechlichkeit des Lebens nur allzu gut und weiß, wie wichtig es ist, sich den liebsten Menschen zuzuwenden, solange wir hier sind – solange wir es noch können.

Liebe Emma,
du kannst nicht die zweite Base erobern
und gleichzeitig den Fuß auf der ersten lassen.
In Liebe, dein Dad

1

Mit einer Serviette fing alles an

Langsam faltete ich die Papierserviette zusammen und legte sie in Emmas Lunchbox. In letzter Zeit kreisten meine Notizen um das Thema »Baseball«. Emma begeisterte sich immer mehr für Softball, und ich nutzte gern die Parallelen zu ihrem Lieblingssport. Ich beispielsweise halte mich für einen guten Base Stealer, suche also immer nach neuen Wegen und bin offen für neue Richtungen im Leben. Aber auch bei mir gab es einen Punkt, an dem ich – im übertragenen Sinne – die Füße nicht mehr vom Boden bekam, an dem ich nicht mehr lossprinten konnte, obwohl mein Team das gebraucht hätte.

Meine Frau Lissa ist fünf Jahre älter als ich. Ich habe mich immer glücklich geschätzt, dass sie mich jungen Schnösel überhaupt ernsthaft als Lebenspartner in Betracht gezogen hatte. (Interessanterweise ist auch meine Mutter fünf Jahre älter als mein Vater.) Die Ehe mit einem älteren Partner bringt allerdings Herausforderungen mit sich, und eine davon ist, dass man sich gelegentlich Veränderungen stellen muss, bevor man wirklich dazu bereit ist. Ich war der Erste in meinem Freundeskreis, der ein Haus besaß. Ich heiratete lange vor meinen engsten Freunden. Immer wieder gab es Momente, in denen ich mich erwachsener verhalten musste, als ich eigentlich war.

Anfang 1999 kam Lissa zu mir und erklärte rundheraus: »Es ist Zeit.« Bestimmt waren ihrer Feststellung einige Überlegungen vorausgegangen, aber diese drei Worte waren die entscheidenden. Es war an der Zeit, schwanger zu werden. Ich war neunundzwanzig, Lissa vierunddreißig. Wir waren erst zwei Jahre verheiratet, und ich war mir nicht sicher, ob ich zu diesem nächsten Schritt schon bereit war. Ich wünschte mir seit Langem eine Tochter, aber noch nicht gleich. Irgendwann in der Zukunft. Wenn ich mich erwachsen genug fühlen würde.

Lissa meinte es ernst, das wusste ich. Na gut, dachte ich mir, der Beginn dieses Abenteuers ist ja auch für mich nicht ohne Reiz. Außerdem schienen neuerdings praktisch alle Paare eine Fertilitätsberatung zu brauchen: Ich hielt es für sehr unwahrscheinlich, dass es mit der Schwangerschaft gleich klappen würde; ich hätte also genug Zeit, mich darauf vorzubereiten.

Es klappte tatsächlich nicht sofort, aber besonders lange

dauerte es auch wieder nicht. Der Beginn des Abenteuers war schneller vorbei, als ich es mir erhofft hatte. Ich wurde Vater.

Die nächsten achteinhalb Monate waren angefüllt mit den verschiedensten Aktivitäten und Vorbereitungen. Wir nahmen an allen möglichen Kursen teil, suchten einen Kinderarzt aus, verbrachten zahllose Stunden in Geschäften für Babybedarf, machten das Haus kindersicher und richteten das Kinderzimmer ein.

Und natürlich studierten wir jeden Vornamen, der je in einem Buch veröffentlicht worden war. Ich bevorzugte »Elizabeth« oder »Matthew«. Am liebsten mochte ich »Matthias«, die deutsche Version von »Matthew«, aber mir war klar, dass ich damit nicht durchkommen würde. Ich versuchte es gar nicht erst. Gegen »Elizabeth« legte Lissa ihr Veto ein, weil der Name sie an eine ehemalige Zimmergenossin erinnerte, mit der sie sich nicht verstanden hatte. Ihr gefielen »Benjamin« und »Chloë«. Leider hatten wir schon eine Katze namens »Ben«, und auch unser Kind »Ben« zu nennen kam uns dann doch sehr merkwürdig vor. Ich sprach mich gegen »Chloë« aus, weil ich mir lebhaft vorstellen konnte, welche Sprüche sich die Kleine schon im Sandkasten würde anhören müssen.

Beim Ultraschall in der zwanzigsten Schwangerschaftswoche erfuhren wir, dass mein Gebet erhört worden war. Wir würden eine Tochter bekommen. Endlich konnte ich mir ein konkretes Bild von dem Baby machen, das in Lissa heranwuchs, und mir wurde das Herz weit. Ein kleines Mädchen. Die Vorstellung, Vater zu werden, erschien mir nun noch etwas verlockender.

Und wir konnten uns auf einen Namen einigen. Ich hatte den Vornamen »Claire« schon immer gemocht, weil er die Hoffnung auf Klarheit und Licht in sich trug. Lissa war einverstanden. »Claire Delany Callaghan« sollte unsere kleine Tochter heißen.

Es war keine leichte Schwangerschaft. Lissa litt fast sechs Monate lang unter Morgenübelkeit. Sie klagte oft, es sei eigentlich völlig egal, was es zum Abendessen gäbe, es bliebe sowieso nicht lange genug drin. Ihr Blutdruck stieg und stieg, und wir machten uns Sorgen um ihre Gesundheit und die des Babys. Ich war ratlos und wusste nicht, wie ich ihr helfen sollte (da ging es mir wohl wie vielen anderen Männern auch). Meine Aufgaben bestanden darin, das Haus für den Familienzuwachs vorzubereiten und uns zu diversen Terminen zu chauffieren, ansonsten hatte ich mich aus allem herauszuhalten.

Es wurde Oktober. An einem ganz normalen Werktag, einem Dienstag, ging ich wie üblich zur Arbeit. Lissa hatte einen Arzttermin, bei dem ihr Blutdruck gemessen werden sollte. Um die Mittagszeit rief sie mich aufgeregt an. Der Arzt war beunruhigt. Ihr Blutdruck hatte sich gefährlichen Werten genähert, und es war entschieden worden, dass das Baby auf die Welt kommen sollte. Heute noch. Ich sah zu, dass ich so schnell wie möglich aus dem Büro kam, und fuhr hektisch in die Klinik. Als ich das Wartezimmer betrat, erhob sich Lissa mühsam. In ihren Augen glänzte die Vorfreude. Wir lächelten uns an. Heute würden wir unsere Claire in den Armen halten.

Nachdem Lissa in die Klinik aufgenommen worden war, begann das lange Warten. Sie hatte das Wehenhormon Oxytocin erhalten, und nun mussten wir uns gedulden, bis die Wirkung einsetzte. Lissa schwitzte, ich fröstelte. Ich rollte mich angezogen auf dem kleinen Sofa zusammen und zog eine Decke über mich, aber mir wurde einfach nicht warm. Es war eine lange Nacht. Das Oxytocin wirkte nur langsam. Wir sahen uns im Fernsehen die Frühnachrichten und dann die Vormittagssendungen an. Ich war nervös und fühlte mich ziemlich nutzlos. Ich konnte Lissa Eisstückchen besorgen, aber abgesehen davon war ich überflüssig. Ärzte und Krankenschwestern kamen und gingen, alle warfen einen prüfenden Blick auf das Krankenblatt und die Apparate, um zu sehen, ob es vorwärtsging. Nach vierundzwanzig Stunden war es dann endlich so weit. Die Presswehen begannen.

Nur ich war noch nicht so weit.

Obwohl Lissa vermutlich das Gefühl hatte, dass das Pressen endlos dauerte, war ich vollkommen überrascht, als mir der Arzt plötzlich ein Instrument reichte und mir helfen wollte, das Blut aus der Nabelschnur zu drücken, damit ich sie durchtrennen konnte. Ich hatte aber überhaupt nicht die Absicht, die

Nabelschnur zu durchtrennen! Ich hatte dem Arzt extra gesagt, dass ich das nicht tun wollte! Und nun stand ich am Bett, umgeben von Krankenhauspersonal, und mir blieb keine andere Wahl.

Ich biss die Zähne zusammen und tat meine Pflicht, und dann trat ich zurück, so schnell ich konnte, während der Arzt und die Schwestern den Apgar-Score bestimmten. Unser Baby Claire war da.

Ich war noch nicht so weit.

Ich stand da wie gelähmt, wusste nicht, was ich tun sollte, und hatte auch gar kein Bedürfnis, irgendetwas zu unternehmen. Es ging mir alles viel zu schnell.

Ich war noch nicht so weit.

Lissa riss mich aus meiner Versunkenheit. »Geh zu ihr«, bat sie von ihrem Bett aus.

Ich ging hinüber zu Claire, die noch von den Schwestern versorgt wurde, und berührte sie vorsichtig. Ich hatte immer noch keine Ahnung, was ich tun sollte, aber ich war immerhin jetzt mehr bei der Sache. Ich begriff, dass es geschehen war. Ich war Vater geworden …

Doch insgeheim kämpfte ich weiterhin gegen die Tatsachen an. Nach der Geburt fuhr ich nach Hause, um mich endlich einmal auszuschlafen. Ich gebe es ungern zu, aber am nächsten Morgen ließ ich mir viel Zeit, bevor ich in die Klinik fuhr. Ich gönnte mir geruhsam ein ausgiebiges Frühstück. Ich spülte Geschirr. Ich ging mit dem Hund spazieren. Ich wollte im Grunde nicht in die Klinik zurück.

Schließlich rief Lissa an. »Sag mal, Schatz, wo steckst du denn?« Ich spurtete los.

Die Anfangszeit in der Klinik war nicht leicht. Claire hatte Neugeborenengelbsucht und musste am ersten Tag ihres Lebens mehrere Stunden zur Phototherapie in einer Plastikbox verbringen. Da lag nun unser armes, wenige Stunden altes Baby mit einer Schutzbrille im Gesicht, damit die Strahlen seine Augen nicht schädigten! Wir konnten Claire während der Behandlung nicht halten oder berühren, sondern sie nur durch ein Fenster hindurch betrachten. Es war die reinste Tortur. Allerdings hatte dies zur Folge, dass sich bei mir eine Art Besitzanspruch regte. Da drinnen lag *meine* Tochter, ganz allein! Sie brauchte mich. Mir wurde immer stärker bewusst, dass sie zu mir gehörte.

Was mir endgültig half, die Umstellung zu bewältigen, war das Eingeständnis, dass der Name »Claire« einfach nicht zu unserem Baby passte. Je länger wir es kannten, desto klarer wurde uns: Wir hatten einen Fehler gemacht. Unser Baby trug den falschen Vornamen, und wir waren schuld daran!

Etwas kleinlaut fragten wir eine Schwester, was wir dagegen unternehmen könnten. Ich fürchtete Berge von Papierkram. Vielleicht war sogar ein Gerichtsbeschluss notwendig, um den Irrtum zu korrigieren. Doch die Schwester lächelte nur milde und antwortete, so etwas käme häufiger vor, als man glaube, und wir müssten vor der Entlassung aus der Klinik nur ein einziges Formular ausfüllen.

An jenem Nachmittag verließen wir mit Emma Claire Callaghan als Familie die Geburtsstation. Ich weiß nicht, was es mit dem Namen auf sich hatte, aber kaum hieß unsere Tochter »Emma«, waren wir uns nahe. Sie wurde real.

Wir legten sie behutsam in ihren Kindersitz, Lissa rutschte vorsichtig neben sie auf die Rückbank, und ich setzte mich ans Steuer. Endlich hatte ich eine bedeutende Aufgabe zu erfüllen – ich brachte meine Familie nach Hause.

Ich warf einen Blick in den Rückspiegel. Emma war nicht in meinem Blickfeld, aber ich wusste, dass sie da war. Mein kleines Mädchen. Wir fuhren zusammen nach Hause.

Ich war bereit.

Liebe Emma,
manchmal, wenn ich mir wünsche,
dass ein Wunder geschieht, schaue ich
in deine Augen und erkenne, dass ich
bereits eins erschaffen habe.
In Liebe, dein Dad

Zuerst bestand meine Rolle als Vater darin, Emma zu wickeln, herumzutragen und zu trösten. Ich fütterte sie, beruhigte sie und legte sie schlafen. Als Emma zu einem kleinen Mädchen heranwuchs, änderte sich meine Rolle. Mir wurde sehr schnell deutlich, dass Vater zu sein mehr heißt, als einen Namen auszusuchen (was ich sowieso schon verkorkst hatte) und für Nahrung zu sorgen. Ich half mit, einen kleinen Menschen zu formen. Von den ersten Lauten über die ersten Schritte bis zu den ersten Worten bildete sich bei Emma eine eigene Persönlichkeit heraus. Sie war ein ganz eigenständiger kleiner Mensch. Und meine Aufgabe war es, sie auf die Welt vorzubereiten.

Es begann damit, Emma beizubringen, Richtig und Falsch zu unterscheiden – und das bedeutete, konsequent zu sein. Konsequenz war jedoch noch nie meine Stärke. Wenn Emma so hoffnungsvoll zu mir aufblickte, wollte ich einfach nur einlenken, ganz gleich, was sie ausgefressen hatte.

Ehe ich mich's versah, wurde sie eingeschult, und unsere gemeinsam verbrachte Zeit verringerte sich drastisch. Wir hatten noch frühmorgens vor der Schule ein paar Minuten miteinander, dann vom Abendessen bis zum Schlafengehen, und wenn wir tagsüber zusammen im Auto saßen. Ich hatte in der Regel nur drei Gelegenheiten am Tag, mich direkt mit meiner Tochter zu beschäftigen: während des Frühstücks, des Abendessens und der Zubettgehzeit. Wenn ich alles zusammenrechnete, ergab das ungefähr eine Stunde täglich.

Obwohl mir bewusst war, dass man ein Kind in die Welt und in die Selbstständigkeit entlassen muss, damit es sich weiterentwickeln kann, fehlte mir die Zeit mit Emma sehr. Und mir fehlte das Gefühl, dass ich ihren Tag mitgestaltete. Mir wurde klar, dass Freunde und die Schule den größten Teil ihrer Zeit beanspruchten und immer wichtiger für sie wurden, und ich suchte nach einer Möglichkeit, mir einen Platz zwischen all ihren Aktivitäten zu sichern.

Emma aß von Anfang an für ihr Leben gern. Ich weiß nicht, ob andere Kinder auch so aufs Essen fixiert sind – sie jedenfalls sprang schon als kleines Mädchen morgens aus dem Bett, die Kuscheldecke noch in der Hand, und fragte: »Was gibt's denn heute zum Abendessen?«

Glücklicherweise arbeitete ich in einem Unternehmen, das seine Mitarbeiter ermutigte, Zeit mit der Familie zu verbringen. So fing ich an, mittags ehrenamtlich im Kindergarten auszuhelfen. Ich öffnete Milchkartons, quetschte Ketchup aus der Flasche, verteilte Strohhalme und wischte Flecken auf. Es war die anstrengendste Stunde des Tages. Aber auf diese Weise konnte ich ein Weilchen neben meiner Tochter sitzen, ihre Freunde kennenlernen und zusehen, wie sie miteinander umgingen.

Außerdem sah ich, was sie aß, wenn sie sich in der Cafeteria ihr Mittagessen zusammenstellte, und wurde schnell zum Verfechter von Lunchpaketen, die sie von zu Hause mitnahm.

Da ich am Morgen ohnehin meistens als Erster aufstand, entwickelte ich mich zum Lunchpaket-Experten. Ich hackte, säbelte, mischte und packte Essen ein. Meistens schmuggelte ich eine kleine Süßigkeit dazu, einen Keks oder einen Becher Pudding. Ich wollte Emma eine Freude machen, ihr Gesicht sollte strahlen.

Ab und zu schrieb ich ihr etwas auf ihre Serviette.

Es fing ganz einfach an: »Ich liebe dich. Ich wünsche dir einen schönen Tag. Mach jemandem eine Freude.«

Ich wusste nicht mal, ob sie die Worte überhaupt las. Ich war mir nicht sicher, ob sie ihr etwas bedeuteten. Aber ich wollte, dass jeder Tag für sie ein besonderer war.

Eines Tages hatte ich gerade ihr Lunchpaket hergerichtet, aber noch nichts auf die Serviette geschrieben. Emma sah das Essen auf der Theke liegen, und ich merkte, wie es in ihrem Kopf arbeitete. Sie schnappte sich den Beutel, stellte sich vor mich hin und sagte in fragendem Tonfall: »Und das Serviettenbriefchen?«

Da wusste ich, dass ich meine Notizen nicht umsonst geschrieben hatte.

Von da an machte ich es mir zur Gewohnheit, ihr kleine Botschaften mitzugeben, gewissermaßen als Teil meiner Erziehung. Emma bekam immer ihre Serviettennotiz, auch wenn ich sehr viel zu tun hatte. Als sie älter wurde, überlegte ich genauer, worauf ich sie hinweisen wollte, und die Botschaften wurden gehaltvoller. Manchmal schrieb ich Zitate ab, die mir besonders gefielen, zum Beispiel »Warum sich einfügen, wenn man dazu geboren ist herauszuragen?« von Dr. Seuss. Auf diese Weise konnte ich bei ihr sein und sie auf ihrem Weg ins Erwachsenendasein begleiten. Vater zu sein hieß für mich, dass ich meiner Tochter helfe, sich zu einer jungen Frau zu entwickeln, die etwas bewirkt in der Welt. Das war meine Art, ihr etwas von mir in den Tag mitzugeben.

Ich hatte keine Ahnung, dass diese Servietten einmal zu meinem Vermächtnis werden sollten.

Lerne, mit Kritik umzugehen

Kritik bietet dir die Gelegenheit, etwas zu lernen. Du musst nicht gleich in die Verteidigungshaltung gehen. Danke zuerst der Person, die Kritik übt. Hör genau hin. Kannst du aus der kritischen Bemerkung etwas Positives heraushören?

Weißt du noch, wie ich einmal deine Schlagtechnik kommentiert habe? Ich fand, du solltest den Schläger länger mit beiden Händen festhalten. Für mein Empfinden hast du ihn zu früh losgelassen und dadurch an Schlagkraft verloren. Du hast innerlich protestiert, das sah ich dir an. Du hast dich über meine Kritik geärgert. Ich habe aber nicht gesagt, dass ich dich für einen schlechten Menschen halte. Ich habe nicht auf dir herumgehackt. Ich habe dich nicht als Person angegriffen.

Kritik ist keine Beleidigung. Nimm sie an. Es könnte sich lohnen, sie zu beherzigen.

ERSTE RUNDE

Mögest du alle Tage deines Lebens leben.

Jonathan Swift

2

Sangria-Rot

Ich hatte ihn schon wieder aus den Augen verloren. So schnell ich auch rannte, er war schneller. Während ich auf dem Weg bleiben musste, flitzte er um die Bäume herum und zwängte sich durchs Unterholz. Ich kam nicht mit, der Weg war zu kurvig und der Boden zu hart und uneben. Durch das rotgoldene Laub brannte die Nachmittagssonne auf mich herunter. Meine Frau und meine Nachbarn waren ein Stück hinter mir zurückgeblieben und riefen gemeinsam mit mir seinen Namen. Ich gab mir große Mühe, an der Spitze zu bleiben, aber allmählich ging mir die Puste aus. Ich war beunruhigt. Er war noch nie so lange unbeaufsichtigt unterwegs gewesen. Ich musste ihn im Auge behalten.

Wir waren das Wochenende auf einem Campingplatz – eine Freizeitaktivität, die ich nicht sonderlich schätzte. Bei einer Wanderung mit unseren Freunden hatte unser neuer Hund Noël etwas gewittert und war losgespurtet. Wir hatten ihn vor knapp einem Jahr aus dem Tierheim geholt, in dem er neunundfünfzig Tage gewesen war. In dieser Einrichtung konnten die Tiere nicht lange bleiben, nach sechzig Tagen wurden sie eingeschläfert. Vor diesem Schicksal hatte eine örtliche Gruppe von Tierschützern Noël bewahrt. Als wir ihn zum ersten Mal zu Gesicht bekamen, sah er kaum mehr wie ein Hund aus und bestand nur noch aus Haut und Knochen. Sein Fell war stumpf und wies kahle Stellen auf.

Noël war offensichtlich lange allein gewesen. Die meisten Menschen machten ihn nervös. Vor mir schien er sich zu fürchten. Trotzdem waren sich Lissa und Emma rasch einig: Wir mussten Noël retten!

Ich wollte keinen neuen Hund, denn ich hatte ja schon einen gehabt – Lucy, einen Schäferhund-Rottweiler-Mischling. Sie war dreizehn Jahre um mich gewesen, und ich hatte sie geliebt. Sie war gerade erst vier Monate tot, als Lissa und Emma mich mit Bildern aus dem Tierheim bedrängten. Ich war noch zu traurig, in meinem Herzen war kein Platz für ein neues Haustier.

An jenem Tag rannte ich weiter, obwohl sich meine Lungen anfühlten, als würden sie gleich explodieren. Nur Bailey, der

Golden Retriever der Nachbarn, hielt noch mit Noël Schritt. Ihn erspähte ich weit vor mir als gelben Fellblitz. Ich konnte nur hoffen, dass Noël ihm nicht allzu weit voraus war.

Schließlich sah ich, wie die Hunde langsamer wurden, weil offenbar irgendein Geruch sie von ihrem fröhlichen Toben abgelenkt hatte. Ich konnte zu ihnen aufschließen und Noël an die Leine nehmen. Ein Seufzer der Erleichterung entfuhr mir. Wir würden das restliche Wochenende nicht damit zubringen müssen, auf der Suche nach dem Hund die Wildnis zu durchkämmen.

Es war Spätsommer, und unsere Nachbarn Mike und Sheryl hatten uns zu einem letzten Familiencamping vor dem Herbst eingeladen. Wenigstens schliefen wir in einem Blockhaus und nicht in Zelten. Feldbetten hielt ich deutlich besser aus als Luftmatratzen auf dem Boden. Sheryl wollte ihren Geburtstag feiern, und Mike grillte am Abend für alle fantastische Steaks. Wir prosteten dem Geburtstagskind mit Rotwein zu und aßen köstliche Muffins. Danach spielten wir Gesellschaftsspiele und fühlten uns rundum wohl. Der Abend neigte sich viel zu schnell dem Ende zu. Bevor ich schlafen ging, musste ich noch auf die Toilette. Ich pinkelte im Stehen – und erschrak. Mein Urin war rot wie Sangria.

Wie konnte das sein? Ich hatte überhaupt keine Schmerzen. Nichts deutete darauf hin, dass bei mir gesundheitlich etwas nicht in Ordnung war.

Ich geriet in Panik. Zuerst lief ich zu Lissa und erzählte ihr, was passiert war. Dann schnappte ich mir mein Smartphone und versuchte, mögliche Erklärungen zu finden. Weil das Signal so schwach war, trat ich auf die Terrasse hinaus, hielt das Telefon über den Kopf und schwenkte es hin und her, bis ich eine Internetverbindung bekam. Blut im Urin nannte man »Makrohämaturie«. Am Ende der sehr beängstigenden Liste möglicher Gründe standen zwei, die, wie Lissa und ich hofften, auf mich zutrafen: große körperliche Anstrengung und übermäßiger Konsum von Roten Rüben. Ich hatte nicht nur einen anstrengenden Lauf hinter mir – so etwas gehörte normalerweise nicht zu meinem Fitnessprogramm –, sondern beim Geburtstagsessen auch einen knallrot gefärbten Muffin verspeist. Lissa meinte, der Bäcker habe vielleicht konzentrierten Rote-Rüben-Saft zum Färben benutzt. Wir beruhigten uns so weit, dass wir schlafen konnten. Es würde sicher nie wieder vorkommen, und wir bräuchten uns weiter keine Sorgen zu machen.

Der Campingausflug endete ohne weitere Vorkommnisse, und ich beschloss, mir keine grauen Haare wachsen zu lassen. Wir fuhren nach Hause, als wäre nichts geschehen, doch am nächsten Tag hatte ich wieder Blut im Urin. Ich lasse mich von Kleinigkeiten nicht so schnell aus der Ruhe bringen, aber selbst mir war nun klar, dass ich einen Arzt aufsuchen sollte. Ich ließ mir bei meinem Hausarzt Dr. Morgan einen Termin geben.

Nach einer Routineuntersuchung erklärte Dr. Morgan, bis auf den Urin sei alles in Ordnung. »Es könnte nichts zu bedeuten haben, oder es könnte etwas zu bedeuten haben.« Er riet mir, mich im urologischen Zentrum von einem Spezialisten untersuchen zu lassen. Wenn ich nicht gleich einen Termin bekäme, sagte er, solle ich ihn anrufen, dann würde er die Angelegenheit beschleunigen.

Glücklicherweise erhielt ich schon für den nächsten Tag einen Termin. Zufällig wurde ich Dr. Bradford zugeteilt. Wir durchliefen dieselbe Prozedur wie bei Dr. Morgan, und Dr. Bradford gab denselben unverbindlichen Satz von sich wie mein Hausarzt: »Es könnte nichts zu bedeuten haben, oder es könnte etwas zu bedeuten haben.« (Brachten sie den Ärzten diesen Satz auf der Uni bei? Damit sie wussten, was sie sagen sollten, wenn sie im Grunde keine Ahnung hatten? Sollte er den Patienten Mut machen? Wenn das so war, dann funktionierte er bei mir nicht.) Dr. Bradford schlug eine Computertomografie vor, um auszuschließen, dass es etwas Ernstes sei. Er tippte auf Nierensteine oder etwas Ähnliches.

Zwei Tage später bereitete ich mich auf meine erste CT vor. Der Ablauf ist sehr klar geregelt. Man trinkt am Vorabend um 21 Uhr ein ekliges weißes Getränk namens »Kontrastmittel« und dasselbe noch einmal neunzig Minuten vor der CT. Man darf kein Metall am Körper tragen. Während man wartet, trinkt man noch mehr Kontrastmittel. Durch den geregelten Ablauf entstand bei mir eine Art Gelassenheit. Ich hatte keine Zeit, nervös oder ängstlich zu werden. Für mich war eine CT vor allem eine diagnostische Notwendigkeit.

Das Witzigste an der Untersuchung war die kleine Ansprache, die die Assistentin zur Vorbereitung hielt. Ich lag ausgestreckt auf dem Metalltisch und wartete darauf, in die Röhre geschoben zu werden.

»Hatten Sie schon einmal eine CT?«, fragte die Assistentin. Ich schüttelte den Kopf. Ein leises Lächeln breitete sich auf ihrem Gesicht aus. »Okay. Wenn Sie das erste Mal in der Röhre liegen, hören Sie auf die Anweisungen und atmen Sie immer dann, wenn wir es Ihnen sagen. Beim zweiten Mal verwenden wir ein intravenöses Kontrastmittel. Manche Patienten berichten von einem leicht metallischen Geschmack im Mund. Gleich danach werden Sie das Gefühl haben, Sie hätten sich in die Hose gemacht. Keine Sorge, dem ist nicht so!«

Ihre Beschreibung traf hundertprozentig zu.

Die kleine Ansprache gehört wohl zum üblichen Prozedere. Anscheinend bekommt das Personal die Anweisung: »Reden Sie dem Patienten gut zu, damit er nicht ausflippt, wenn er glaubt, er habe sich eingenässt.« Ich musste es mir jedes Mal aufs Neue anhören.

Die CT dauerte nicht lange, und bald war ich wieder auf dem Heimweg. Jetzt begann das Warten. Die Ergebnisse sollten fünf Tage später kommen. Da ich mir keine übermäßig großen Sorgen machte, konnte ich mich auf anderes konzentrieren, zum Beispiel auf eine Veranstaltung für eine örtliche Anwaltspraxis, die mein Unternehmen organisierte. Außerdem besuchte ich ein Wohltätigkeits-Event. Ich beschäftigte mich, so gut es ging, und wartete auf mein Arztgespräch.

Der verabredete Tag kam, und endlich war es kurz vor drei, Zeit für meinen Termin bei Dr. Bradford. Lissa musste Emma von der Schule abholen, und so saß ich allein im Wartezimmer und wippte unruhig mit dem Fuß. Wahrscheinlich war ja alles in Ordnung, trotzdem hatte ich ein ungutes Gefühl.

Bescheinigen Sie mir doch bitte einfach, dass ich bei guter Gesundheit bin und mehr für meine Fitness tun sollte, damit ich nach Hause gehen kann.

Aber so ist es natürlich nicht gekommen.

Dr. Bradford kam herein und zeigte mir am PC-Bildschirm meine CT-Bilder. Die nächste Dreiviertelstunde erlebte ich wie durch einen Nebel. Ich hörte die Worte »Tumor« und »zwölf

Ein neuer Anfang kommt oft verkleidet als schmerzvolles Ende daher.

Laotse

Zentimeter«. Ich hörte »Biopsie« und »Er ist so groß, dass wir ihn sowieso herausholen müssen«. Und dann: »Die Sterblichkeitsrate bei Nierenkrebs, der gestreut hat, ist sehr hoch.«

Es wollte mir nicht in den Kopf, was er da sagte. Du lieber Himmel, ich war auf einen Nierenstein oder so etwas gefasst gewesen. Lissa war gar nicht erst mitgekommen, weil wir uns sicher waren, dass es sich um nichts Ernstes handelte!

Am Ende begriff ich nur, dass Dr. Bradford zusätzliche Scans ansetzte, um herauszufinden, was in meinem Körper vor sich ging. Wie betäubt fuhr ich nach Hause. Obwohl ich wusste, dass er alles Mögliche gesagt und viele unterschiedliche Verläufe beschrieben hatte, hörte ich aus allem immer nur eines heraus: »Mr. Callaghan, Sie werden sterben.«

Meine Hände umklammerten das Lenkrad. Eigentlich hätte ich Lissa anrufen sollen. Wir hatten vereinbart, dass ich mich gleich nach dem Arzttermin bei ihr melden würde. Aber diese Neuigkeit konnte ich ihr nicht am Telefon mitteilen, das ging nur von Angesicht zu Angesicht.

Ich trat aufs Gas. Einerseits fürchtete ich mich vor der Begegnung mit Lissa, andererseits konnte ich es kaum erwarten, sie zu sehen. Doch als ich in die Einfahrt einbog, war die Garage leer. Wo waren sie denn? Wussten sie nicht, dass ich sie brauchte?

Ich bin ein geduldiger Mensch, aber alles hat seine Grenzen. Während ich ratlos in der Küche stand, klingelte das Telefon:

Lissa. Ich hätte nicht abheben sollen, denn ich wusste, dass sie Fragen stellen würde. Aber was blieb mir anderes übrig? Sie war mein Rettungsanker, und ich hatte das Gefühl zu ertrinken. Schon der Klang ihrer Stimme beruhigte mich ein wenig.

»Wie war's beim Arzt?«, fragte sie. Ich sah sie vor mir, wie sie unseren Minivan mit Emma auf dem Rücksitz vorsichtig durch die Straßen steuerte. Die Szene strahlte so viel Normalität aus. Und nun würde die Welt, wie sie sie kannte, gleich zusammenbrechen.

Bevor ich dazukam, mir ein paar Worte zurechtzulegen, mit denen ich sie auf später vertrösten konnte, brach es aus mir heraus: »Ich habe Krebs.«

Was fiel mir bloß ein? Und wenn sie jetzt einen Unfall verursachte, weil sie die völlig unerwartete Neuigkeit nicht verkraftete? Doch in diesem Moment war ich Vernunftgründen nicht zugänglich. Ich war verzweifelt. Ich war im Schock. Ich brauchte jemanden, der mir half, das alles zu verarbeiten.

Ein paar Minuten später waren sie da. Lissa schickte Emma in die Küche und kam zu mir ins Schlafzimmer. Wir umarmten uns lange. Sie hatte zahllose Fragen, und ich wusste keine befriedigenden Antworten.

Ja, es war Krebs, der Arzt zweifelte nicht daran.

Ja, ich musste wahrscheinlich operiert werden.

Ja, der Tumor musste entfernt werden, auch wenn er gutartig sein sollte. Er war um meine Niere herumgewachsen.

Ja, es sah so aus, als könnte er gestreut haben.

Nein, keiner wusste, wie er entstanden war.

Nein, ich weiß nicht, was ich machen soll.

Ja, ich bin in Lebensgefahr.

Ja, ich habe Angst.

Nein, ich weiß nicht, wie ich es Emma beibringen soll.

Lektion 11

Lass dir erklären, wie ein Auto funktioniert

Ich lernte erst im letzten Schuljahr richtig Autofahren. Vorher hatte mich mein Dad mit seinem Wagen auf einem abgelegenen Feldweg üben lassen, aber viel Fahrpraxis bekam ich dadurch nicht. Ich kam ganz gut zurecht und kannte die Verkehrsregeln, aber sehr wohl war mir nicht dabei, wenn ich am Steuer saß. Autos waren mir eher fremd.

Einmal brachte ich den Mut auf, ein Mädchen zu fragen, ob es am Wochenende mit mir zum Open-Air-Kino fahren würde. Heidi sagte Ja, wollte aber eine Freundin mitbringen. Ich fand das merkwürdig, doch da ich sehr gern etwas mit ihr unternehmen wollte, war ich einverstanden. Ich holte die beiden Mädchen ab, und wir machten uns auf den Weg.

Es war ein altmodisches Drive-in-Kino mit Lautsprechern an hohen Pfosten und einem Spielplatz, auf dem die Kinder bis zum Anbruch der Dunkelheit herumtoben konnten. Wir sahen uns den Film an und hatten viel Spaß. Der Ärger ging erst los, als wir zurückfahren wollten. Ich ließ den Motor an und versuchte, den Ford F-100 Stepside auf Touren zu bringen. Ich trat aufs Gaspedal, aber wir rührten uns nicht von der Stelle. Was war da los? Ich hatte nicht genug Erfahrung, um den Fehler zu erkennen, also legte ich einfach den Rückwärtsgang ein. Vielleicht hing ich irgendwo fest. Wir bewegten uns kaum von der Stelle. Ich schaltete zwischen Vorwärts- und Rückwärtsgang hin und her und wirbelte etwas Dreck auf. Außerdem rammte ich einen der Pfosten und demolierte ein Rücklicht. Na, toll. Genau das Richtige, um bei einem Mädchen Eindruck zu schinden!

Schließlich trottete ich zum Imbissstand, warf eine Münze in den öffentlichen Fernsprecher und rief zu Hause an. Ich erzählte meinem Vater, was passiert war.

Er hörte aufmerksam zu und sagte, er gebe mir jetzt Anweisungen, die ich genau befolgen solle: »Geh zurück zum Auto, nimm dir eine Taschenlampe und klapp die Kühlerhaube auf. Schau dich ein paar Minuten konzentriert im Motorraum um und tu so, als würdest du dich auskennen. Knall die Kühlerhaube zu und setz dich in den Wagen: Lass den Motor an und *löse die Handbremse.* Bring die Mädchen nach Hause, das Rücklicht kannst du morgen ersetzen.«

Danke, Dad.

Liebe Emma,
jeder, der glaubt, Sonnenschein sei das
reine Glück, hat noch nie im Regen getanzt.
In Liebe, dein Dad

3

»Ausgezeichnet geht's mir!«

Zufrieden schraubte ich die Kappe auf meinen Stift. Das klang doch gut. In den meisten Fällen enthielten meine Serviettenbriefchen eine positive Anregung oder handelten davon, wie man sein Verhalten ändern kann. Der heutige Spruch war ein Klassiker. Aus schweren Lebensphasen lernt man oft am meisten, das wusste ich selbst. Sie sind wichtig, damit man möglicherweise etwas Großes erreichen kann. Wenn man sich dies immer vor Augen hält, kann man alles aushalten.

Ich hatte Emma noch nichts erzählt. Ich wollte, dass sie in der richtigen Verfassung war, wenn ich die Katze aus dem Sack ließ.

Während meiner Collegezeit jobbte ich in einem Mini-Markt

an der Straßenecke. Die Betreiber brauchten einen Mitarbeiter fürs Wochenende und ich einen Gehaltsscheck zur Mitfinanzierung meines Studiums. Es war kein aufregender oder glamouröser Job, aber ich konnte damit ein paar Rechnungen bezahlen, und mehr wollte ich gar nicht.

Samstags hatte ich Frühschicht und musste aufstehen, bevor es hell wurde. Manchmal arbeitete ich sogar die Nacht durch. Die Arbeit war anstrengend und langweilig, aber das Geld war nun mal wichtig.

Eines Samstags (ich war noch kein halbes Jahr in dem Laden) kam in aller Frühe ein Kunde, der aussah, als hätte er gerade eine wilde Party hinter sich oder wäre mit dem schlimmsten Kater seines Lebens aufgestanden. Er trug eine Brille, die offensichtlich nicht zu seinem üblichen Aufzug gehörte, denn er wirkte wie jemand, der normalerweise Kontaktlinsen trägt.

Der Mann steuerte sofort auf den Kaffeeautomaten zu und nahm sich einen Becher. Dann goss er Sahne in den Kaffee und rührte kräftig. Zuletzt hob er den Kopf und sah mich an. Er warf mir ein gemurmeltes »Hallo, wie geht's?« zu, und man sah ihm an, dass er keine Antwort erwartete.

Da knallte ich die Faust auf die Verkaufstheke und rief: »Ausgezeichnet geht's mir!«

Der Mann hörte auf zu rühren und starrte mich an. »Das ist eine interessante Einstellung so früh am Morgen«, antwortete er nach einer Weile mit einem leichten Lächeln.

»Je häufiger ich es sage, desto mehr glaube ich daran. Irgendwann stimmt's dann«, antwortete ich ehrlich.

Bevor ich wusste, wie mir geschah, kam der Mann an die Theke, stellte seinen Kaffee ab und hielt mir die Hand hin. »Hätten Sie gern einen neuen Job?«

Wie sich herausstellte, arbeitete er in der »Impulse«-Abteilung eines großen Elektronikhändlers. Er erkundigte sich, ob ich nicht an ihrem »Manager-in-Training«-Programm teilnehmen wolle. Meine Einstellung gefiel ihm, und er hatte sich gedacht: *Das ist die Art von Mitarbeiter, die ich gern hätte.*

Ohne diese innere Einstellung hätte ich den Job nicht bekommen, der dazu führte, dass ich meine Frau kennenlernte, was wiederum dazu führte, dass wir Emma bekamen. Wer weiß, wo ich ohne diese Einstellung gelandet wäre?

Aber konnte ich mit dieser Haltung auch dem Krebs begegnen? Es war ein Test. Wer wollte schon mit zweiundvierzig mit dem Wort »Krebs« konfrontiert werden? Geschweige denn, seiner zwölfjährigen Tochter irgendwie beibringen müssen, dass er Krebs hat?

Ein paar Tage nach der Diagnose spürte ich, dass es an der Zeit war, Emma die Wahrheit zu sagen. Was sie über die Krankheit Krebs wusste, konnte ich nicht recht einschätzen. Sollte ich das Wort überhaupt aussprechen? Ich wollte die Dinge ja in einem positiven Licht darstellen und sicher sein, dass ich selbst die richtige Einstellung dazu hatte, damit Emma nicht zu viel

Angst bekam. Ich rief mir in Erinnerung, dass wir ja wirklich noch nicht genau wussten, womit wir es zu tun hatten. *Drück dich vage aus, dann wird sie nicht mitbekommen, was für eine Höllenangst du hast.*

Lissa und ich diskutierten stundenlang über die Frage, wie wir das Gespräch mit Emma am besten führen sollten. Wir beide zusammen oder ich allein? Gar nicht? Sollten wir ihr die Neuigkeit verschweigen? Aber sie würde spüren, dass etwas nicht stimmte. Letztlich wäre es besser, wenn wir ihr die Tatsachen so gut wie möglich erklärten. Sie sollte sich nicht ausgegrenzt fühlen und anfangen zu spekulieren.

Unwillkürlich musste ich an den Tag denken, an dem ich ihr von Lucys Tod erzählt hatte. Wie vorausgesehen, starb Lucy, als Emma neun war. Ich hatte dem Gespräch mit Grausen entgegengeblickt, aber immer nur in Hinblick auf Emma. Mir war nie in den Sinn gekommen, dass Lucys Tod auch mich selbst entsetzlich beuteln würde. Eine Zeit lang war ich zu nichts zu gebrauchen.

Lucy war mein erster Hund gewesen. Unsere Familie hatte nie Hunde gehalten, und so war ich skeptisch, als Lissa damals mit der Idee ankam, einen Hund anzuschaffen. Ich wusste nicht so recht, was ein Tier im Haushalt so alles mit sich bringen würde.

Wir schauten bei mehreren Tierheimen in der Nähe vorbei, aber ohne Erfolg. Ich wusste zwar, was ich bei einem Hund *nicht* wollte, aber was ich wollte, war mir weniger klar. Dann standen wir eines Tages in einem Tierasyl, und ich sah Lucy. Ich weiß nicht, wie ich es beschreiben soll – ich warf einen Blick auf sie und wusste: *Das da ist mein Hund.* Lucy war wie gesagt ein Rottweiler-Schäferhund-Mischling und ein sehr lebhafter Welpe. Immer wenn wir mit ihr zum Tierarzt gingen, sah der sich ihre Pfoten an und sagte: »Oha, das wird ein großer Hund, so an die zwanzig Kilo.« Bei jedem Besuch kamen fünf Kilo dazu. Irgendwann waren wir bei fünfundvierzig.

Nach den ersten beiden Jahren wurde Lucy ruhiger und der perfekte Hund für mich. Sie gehorchte aufs Wort und musste bei unseren Spaziergängen nie an die Leine genommen werden. Wenn sie vor mir ging und ich stehen blieb, drehte sie sich um und setzte sich neben mich. Sie mochte keine Fremden und konnte sie mit ihrem wütenden Gebell sehr erschrecken, aber wer einmal die Schwelle zu unserem Haus überschritten hatte, war ihr Freund.

Lucy war *mein* Hund. Sie wollte immer in meiner Nähe sein. Mir war nicht klar gewesen, wie viel einem ein Hund geben kann, und vor allem hatte ich nicht gewusst, wie viel Freude ein Hund zum Ausdruck bringen kann, wenn man nach fünf Minuten oder auch fünf Tagen durch die Tür tritt. Hunde wissen sehr gut, wie man einem Menschen das Gefühl gibt, wichtig und geliebt zu sein.

Lucy und Emma verhielten sich fast wie Geschwister zueinander. Lucy hatte endlos viel Geduld mit Emma, als unsere Tochter größer wurde und in Lucy eine Spielkameradin sah. Einmal hatte Emma zu Weihnachten einen kleinen Friseurkoffer bekommen, und als ich am ersten Feiertag mit meiner Kaffeetasse ins Wohnzimmer trat, saß da mein riesiger, fast hundert Pfund schwerer Hund geduldig vor meiner Tochter und ließ sich das Fell mit Lockenwicklern eindrehen und trocken föhnen.

Im Sommer 2010 war Lucy dreizehn und baute allmählich ab. Sie schlief mehr, aß weniger und hatte Unfälle im Haus. Wir wussten, dass ihre Zeit gekommen war.

In jenem August war ich mit meinem fünfzehnjährigen Neffen fünf Tage lang bei einer Star-Wars-Convention in Florida. Nur wenige Minuten nach meiner Rückkehr kam Lissa ins Schlafzimmer, wo ich, immer noch aufgekratzt von den vielen Eindrücken, meinen Koffer auspackte, und setzte sich aufs Bett.

»Ich wollte dir die Convention nicht verderben, aber Lucy geht es nicht besonders gut.«

Ich hörte sofort mit dem Auspacken auf und setzte mich neben sie. Sie berichtete von ihrem Besuch beim Tierarzt. Lucy litt an akutem Leberversagen.

»Was hat er gesagt?«, fragte ich. »Können wir etwas dagegen tun?«

Lissa schüttelte den Kopf. Tränen standen in ihren Augen.

»Wir könnten mehrere Tausend Dollar für eine Operation ausgeben, aber die würde höchstens ein paar Monate bringen.«

Ich saß da, den Blick auf die Hände gesenkt. Warum war es so gekommen? Ich musste Lucy helfen, das war mir klar. Wenn es ihr so schlecht ging, mussten wir da durch.

Am Nachmittag ging ich mit Lucy zum Tierarzt und nahm Abschied von ihr.

Emma war bei einer Freundin. Ihr zu erklären, dass Lucy nicht mehr da war, würde mir sehr schwerfallen, aber ich wollte nicht, dass sie sich von ihr verabschieden musste. Ich nahm an, es würde für sie alles nur noch schlimmer machen.

Dann war der Augenblick gekommen, vor dem ich mich seit acht Jahren gefürchtet hatte. Ich musste meiner Tochter eröffnen, dass Lucy nicht mehr bei uns war. Ich musste sie unglücklich machen und war doch selbst unsagbar traurig.

Es scheint immer unmöglich, bevor es getan ist.

Nelson Mandela

Emma war jetzt zwölf und auf dem besten Weg, sich zu einer jungen Frau zu entwickeln. Sie hatte schon mehr von den dunklen Seiten des Lebens kennengelernt, als mir lieb war. Nur wenige Monate vor meiner Diagnose war mein Vater unerwartet gestorben. Er hatte eine Biopsie machen lassen, um sicherzugehen, dass er nicht an Lungenkrebs litt, und zwei Tage später war seine Lunge kollabiert. Er war ins Koma gefallen und nicht wieder aufgewacht. Wie sich herausstellte, war seine Biopsie negativ – eine bittere Ironie. Aber es war zu spät. Dad lebte nicht mehr.

Es war nicht leicht gewesen, mit Emma darüber zu sprechen. Aber ihr Großvater war alt gewesen. Sie hatte Freunde, deren Großeltern längst nicht mehr lebten, und wusste, dass so etwas passieren konnte. Aber ein kranker Vater? Kannte sie das Wort »Krebs« überhaupt? Sie würde wahrscheinlich mehr verstehen, als ich erwartete. Ich musste mich auf die Fakten konzentrieren.

Ich setzte mich also zu Emma und erzählte ihr behutsam von meiner Krankheit. Ich musste operiert werden. Wenn alles gut ging, konnten sie den Krebs herausschneiden, und damit wäre dann alles erledigt.

Ich spielte meine Ängste massiv herunter. Sie weinte. Ich hielt sie im Arm und versprach ihr, es werde alles gut werden, obwohl ich mir dessen überhaupt nicht sicher war.

In den Tagen, die nun folgten, konnte ich Emma, die so

große Angst vor ihrem potenziellen Verlust hatte, kaum in die Augen sehen. Sicher, die Diagnose erschreckte mich, und ich wartete ungeduldig auf den Behandlungsplan, aber vor allem machte ich mir Gedanken um Emma. Sie war noch so jung. Es würde schwer für sie sein, ohne Vater aufzuwachsen. Und ich würde so viel verpassen, wenn ich die Krankheit nicht überwand.

Ich halte mich für einen relativ ausgeglichenen Menschen. Es muss schon viel passieren, bis man mir meine Gefühle anmerkt. Aber nun stand ich von Schluchzern geschüttelt unter der Dusche. Noch immer warteten wir auf eine Erklärung, womit wir es bei diesem Krebs genau zu tun hatten. Die Diagnose war diffus und ließ nicht viele positive Deutungen zu. Ich musste ständig daran denken, dass ich in einem Jahr vielleicht schon nicht mehr leben würde. Ich hatte noch keine Gelegenheit gehabt, Spuren in der Welt zu hinterlassen, abgesehen von meiner Familie. War das genug?

Ich versuchte, mich an die vielen Zitate zu erinnern, die ich für Emma im Lauf der Jahre herausgesucht hatte. Ich blätterte in der Liste meiner Lieblingssprüche. Wie konnte ich in diesem Wolkenbruch noch tanzen? Wo war der Lichtstreif, der mir half, den Regenbogen zu erkennen, den ich ohne den Regen nicht gesehen hätte? Ich entdeckte beim besten Willen keinen Lichtstreif. Nirgends.

Setz dich nie ans Steuer,
wenn du zu viel getrunken hast

Ich war noch jung, so um die zwanzig, und arbeitete in einem nahe gelegenen Urlaubsort. Von dort musste ich oft spät nachts in meinen Heimatort zurückfahren. Die Straße war so eng, dass zwei Fahrzeuge kaum aneinander vorbeikamen, ohne dass eines auf den unbefestigten Randstreifen ausweichen musste. Es war eine kurvige, unübersichtliche Strecke.

Eines Abends ging ich nach der Arbeit mit ein paar Kollegen noch ein Glas trinken. Wahrscheinlich hatte ich zu viel gebechert – nein, ganz sicher war das so. Hinter dem Steuer hatte ich jedenfalls nichts zu suchen. Ich hätte bei einem Kollegen übernachten oder meine Eltern anrufen sollen. Ich hätte im Auto schlafen können. Aber ich entschied mich, nach Hause zu fahren. Das war eine schlechte Entscheidung.

Die Strecke zwischen Old Forge und Port Leyden war, wie ich wusste, auch in nüchternem Zustand nicht leicht zu bewältigen, und so nahm ich einen Umweg. Mir war im Grunde klar, dass es irgendwann zu einem Unfall kommen musste, wenn ich weiterfuhr.

In diesem Moment hielt mich ein Polizeiwagen an. Der Polizist merkte sofort, dass ich fahruntüchtig war, aber er gab mir keinen Strafzettel, sondern stellte sich neben mein Auto und redete mindestens zwei Stunden lang mit mir. Bis zum Tagesanbruch. Ich weiß nicht mehr, worüber wir geredet haben, aber während die Sonne allmählich über den Berggipfeln hervorlugte, fragte er mich, ob ich denn jetzt in der Lage sei, nach Hause zu fahren. Als ich bejahte, folgte er mir bis zur Bezirksgrenze. Ich kam tatsächlich heil zu Hause an. Und, was viel wichtiger war: Ich kam an, ohne einem anderen Menschen Schaden zugefügt zu haben, und hatte außerdem eine wichtige Lektion gelernt.

Ich werde dich immer überall abholen. Ohne Fragen zu stellen. Lass es zu.

Wenn du etwas nicht magst, dann ändere es.
Wenn du etwas nicht ändern kannst,
dann ändere deine Einstellung.

Maya Angelou

4

Wo ist das Pony?

In der achten Klasse erzählte uns die Lehrerin Mrs. Wiley eine Geschichte. Sie ging in etwa so:

Es war einmal ein Zwillingspaar. Die Jungen waren noch klein, ungefähr sechs. Obwohl sie Zwillinge waren, hatten sie vollkommen unterschiedliche Charaktere. Einer war sehr, sehr glücklich und der andere sehr, sehr ängstlich.

Die Eltern gingen mit den Jungen zu einer Beratungsstelle. Der Therapeut dachte sich einen Test aus. Die Jungen wurden voneinander getrennt und in zwei verschiedene Räume gebracht. Der ängstliche Junge wurde in ein Zimmer geführt, in dem es einen Haufen Spielzeug gab – Computerspiele, Star-Wars-Actionfiguren, eine Spielkonsole, ferngesteuerte Autos und so weiter. Der Junge setzte sich in die Mitte des Raums und fing an zu weinen. Er hatte schreckliche Angst, er könnte die Spielsachen kaputt machen, und war dadurch wie gelähmt.

Der glückliche Junge wurde in einen Raum gebracht, der so gut wie leer war. Darin gab es keine Spielsachen, sondern nur einen riesigen Haufen Stallmist, der entsetzlich stank.

Auf die Reaktion des glücklichen Jungen war der Therapeut ganz und gar nicht gefasst. Der Junge rannte auf den stinkenden Haufen zu, kletterte hinauf und fing an, den Mist durch den Raum zu schleudern. Dabei wirkte er sehr fröhlich.

Der Therapeut sah sich das ein Weilchen an und fragte ihn dann: »Was machst du denn da?«

»Bei so viel Kacke«, antwortete der glückliche Junge, »muss hier irgendwo ein Pony sein.«

Ich mag diese Geschichte. Und ich habe immer versucht, der zweite Junge zu sein.

Jeder Mensch hat seine Probleme. Mein Vater kämpfte jahrelang gegen den Alkohol. Ich bin in einer Kleinstadt aufgewachsen, in der viele Väter als Waldarbeiter oder Farmer schufteten. Einer meiner Verwandten leidet unter Depressionen. Meine Mutter und ihre Schwester sprechen seit Jahren nicht miteinander. Ich habe Krebs.

Ich glaube fest daran, dass nicht das Problem der springende

Punkt ist, sondern die Art und Weise, wie man es zu überwinden versucht. Ein Hindernislauf kann lehrreicher sein als eine freie Laufstrecke. Man lernt, zu kämpfen und sich für das einzusetzen, was man will.

Der erste Kampf, an den ich mich erinnere, fand während der Testspiele für das Baseballteam von Port Leyden statt. Kleinstädte veranstalten Testspiele, denn nicht jeder kann im Team mitmachen. Das hängt damit zusammen, dass es nur eine begrenzte Anzahl Trikots gibt. Die Kandidaten, die sich eine bestimmte Spielposition wünschen, müssen die Auswahlprozedur überstehen.

Am ersten Tag der Testspiele ging ich allein zum Spielfeld. Ich hatte einen neuen Handschuh und fühlte mich gut vorbereitet. Die meisten Jungs waren schon da, nur der Trainer fehlte noch. Ein paar der älteren Jungs rauchten, was ich albern fand. Natürlich boten sie den Jüngeren Zigaretten an, aber ich wollte nicht, und als ich ablehnte, warf mir einer der Älteren einen Handschuh ins Gesicht. Es tat ziemlich weh, und ich schlich geknickt davon. Ich hatte große Lust, Baseball zu spielen, aber die Älteren wollten mich offensichtlich nicht dabeihaben.

Doch auf halbem Wege kehrte ich um. So einfach würden mich die Großen nicht kleinkriegen. Ich ging zurück zum Spielfeld und trainierte. Ich trainierte jeden Abend, bis die Testspiele zu Ende waren. Ich liebte Baseball und konnte mir keinen schöneren Ort als das Spielfeld vorstellen.

Ins Team schaffte ich es in diesem Jahr nicht.

In den folgenden Jahren kam ich in die Auswahl, aber ich erinnere mich an kein einziges der Testspiele. Warum? Weil es keinen nennenswerten Widerstand gab. Die Testspiele waren ereignislos. Ich musste um nichts kämpfen.

Krebs ist das größte Hindernis, vor dem ich je stand. Als mir mein Arzt die CT-Bilder auf dem Bildschirm zeigte, erkannte sogar ich als medizinischer Laie, dass da etwas sehr im Argen lag. Ich konnte den Grad der Gefahr nicht abschätzen, aber das Wort »Krebs« versetzte mich in Alarmbereitschaft. Dieser neue Kampfplatz war mir ganz und gar fremd. Wie sollte ich, ein »Novize«, zu einem kundigen Krebspatienten werden? Wie konnte ich meinen Ärzten helfen, mich zu retten?

Ein Champion ist jemand, der aufsteht, wenn er es eigentlich nicht kann.

Jack Dempsey

Meine Folgetermine waren für die erste Novemberwoche angesetzt. Ich wollte vorbereitet sein und mir möglichst viel Wissen aneignen.

Informationen von der Website der American Cancer Society

Nierenkrebs wird häufig in einem frühen Stadium entdeckt, in dem nur das Nierengewebe befallen ist, aber man findet auch immer wieder Tumoren in einem fortgeschrittenen Stadium. Die Gründe dafür sind folgende:

- Die Karzinome können relativ groß werden, ohne Beschwerden oder gesundheitliche Probleme zu verursachen.
- Die Nieren befinden sich im Körperinneren, sodass kleinere Tumoren bei Untersuchungen nicht gesehen oder ertastet werden können.
- Es gibt kein empfohlenes Nierenkrebs-Screening, mit Ausnahme von Personengruppen mit erhöhtem Risiko.

Aufmerksam las ich weiter und erfuhr mehr:

- Im Jahr 2011 wurden in den USA 1,6 Millionen neue Fälle von Nierenkrebs festgestellt.
- Man geht davon aus, dass 37 120 Männer und 23 800 Frauen an Nierenkrebs neu erkranken werden.
- Das Durchschnittsalter bei der Diagnose beträgt 64 Jahre.

- Nierenkrebs tritt bei Menschen unter 45 Jahren sehr selten auf, am häufigsten ist er bei Menschen über 55 Jahren anzutreffen.
- Ein Nierenkarzinom wächst weniger als einen Zentimeter pro Jahr.

Ich starrte auf den Bildschirm. Wie konnte mir das passieren? Ich war doch erst zweiundvierzig! Zwanzig Jahre jünger als der Durchschnitt! Und der Tumor, den sie bei mir entdeckt hatten, war an der längsten Stelle *dreizehn Zentimeter* lang! Das heißt, wenn er im durchschnittlichen Tempo gewachsen war, hatte ich ihn seit meinem neunundzwanzigsten Lebensjahr im Körper! Seit ich Vater geworden war, lief ich mit einer tickenden Zeitbombe herum!

Ich las weiter. Nierenkrebs ist nicht leicht zu überwinden, und wenn man glaubt, ihn besiegt zu haben, kehrt er Jahre später wieder zurück. Auf Chemotherapie oder Strahlenbehandlungen reagiert er nicht. Wie zum Teufel sollte ich diesen Kampf gewinnen?

Doch ich wollte mich nicht entmutigen lassen. Wenn ich am kommenden Montag meinen nächsten Arzttermin wahrnahm, bei dem eine Reihe von CTs gemacht werden sollten, um Genaueres zu erfahren und einen Behandlungsplan zu erstellen, musste ich mich wie ein Krieger fühlen. Ich wollte der weltweit beste und streitbarste Patient sein. Keine Behandlung sollte von vornherein ausgeschlossen werden. Ich würde mich Hals über Kopf in diese verrückte Lebensphase stürzen und zum Angriff blasen.

Man kann mich mit Fug und Recht als »Geek« bezeichnen. Ich gebe ohne Scheu zu, dass ich verrückt nach allem bin, was mit dem »Krieg der Sterne« zusammenhängt. Als Kind spielte ich endlose Stunden mit Star-Wars-Figuren, und als Erwachsener gehörte ich zur »Rebel Legion«, einer Gruppe von Menschen, die sich als Star-Wars-Charaktere verkleidet ehrenamtlich sozial engagieren. Immer wenn ich an den Kampf dachte, der vor mir lag, fielen mir Zitate aus meinen Lieblingsfilmen ein, etwa »Tu, was getan werden muss« oder »Tu es oder tu es nicht. Es gibt kein Versuchen« oder auch »Erleuchtete Wesen wir sind, nicht diese rohe Materie!«.

Ich beschloss, bei jedem Arzttermin T-Shirts mit Star-Wars-Aufdruck zu tragen und allen meinen Ärzten zu erzählen, warum ich das tat. Ich musste mich von den anderen abheben, ich musste eine Person sein, nicht nur ein Patient mit einer Nummer. Ich wusste ja, wie viele Patienten die Ärzte jeden Tag behandelten. Wenn sie den Namen Garth Callaghan hörten, sollten sie denken: Richtig, das ist doch dieser Star-Wars-Freak. An mich würden sie sich erinnern. Ich würde aus der Menge herausragen. Ich hätte auch ein Laserschwert in die Klinik mitgenommen, wenn mir das sinnvoll erschienen wäre.

Die nächsten Tage vergingen wie im Flug. Ich musste beruflich nach Rochester und traf Kim, eine gute Freundin und Kollegin, die das dortige Projekt leitete. Ich erzählte ihr von meiner Krankheit und merkte, dass sie sich gut in meine Sorgen einfühlen konnte. Das Projekt war ein Erfolg, aber ich konnte mich nicht darüber freuen, denn ich wollte nur noch nach Hause. Was tat ich hier, achthundert Kilometer von meiner Familie entfernt? Das war doch verrückt.

Am Montag jagte eine Untersuchung die andere: Eine weitere CT, dann eine Kernspintomografie und eine Knochenszintigrafie. Lissa und ich verbrachten den ganzen Tag in der Klinik. Ich lag auf allen möglichen Liegen herum und rührte mich nicht. Trotzdem waren es anstrengende Stunden.

Anschließend fuhren wir nach Hause. Die Ergebnisse würden wir erst eine Woche später von Dr. Bradford erfahren – eine Ewigkeit! Wenigstens konnten wir uns durch Thanksgiving ablenken. Zur Feier des Tages reiste meine Mutter an, und wir bemühten uns redlich, uns vom Krebs nicht das Fest verderben zu lassen. Es war schon schwer genug, zum ersten Mal ohne Dad zu feiern. Mom wollte länger bleiben als geplant, um da zu sein, wenn die Ergebnisse kamen. Aber in diese Woche fiel auch unser Hochzeitstag, den ich unbedingt groß feiern wollte, ganz so, als wäre es mein letzter. Vielleicht war er das ja auch …

Schließlich rückte der Termin bei Dr. Bradford heran. Diesmal wollte ich Lissa unbedingt dabeihaben. Ich brauchte jemanden, der dem Arzt genau zuhörte und mitbekam, was er sagte. Dr. Bradford stellte sich Lissa vor, und wir besprachen erst die Gesamtsituation und dann die Ergebnisse der Scans. Mein Knochenscan war in Ordnung, der Krebs hatte mein Skelett noch nicht befallen. Der Kernspin deutete darauf hin, dass die »Streuung«, die wir auf den CT-Bildern gesehen hatten, wahrscheinlich nicht Krebs war, sondern ein Klumpen von Blutgefäßen.

»Das bedeutet also …«, begann ich zögernd.

»Das ist gut für Sie«, unterbrach mich Dr. Bradford. »Sie haben Nierenkrebs, so viel steht fest, aber wie es aussieht, hat er noch nicht gestreut. Wir werden also versuchen, ihn herauszuholen.«

Ich lächelte Lissa zaghaft an, voller Freude, dass ich »nur« Nierenkrebs hatte. Ich würde bald operiert werden; und wenn alles gut ging, würde ich kurz darauf wieder mein normales Leben weiterführen können.

Am Ende des Gesprächs griff ich nach meiner Tasche und holte ein Geschenk für Dr. Bradford hervor. Es war ein kleiner Medi-Droide, eine Star-Wars-Actionfigur. Er starrte ihn verblüfft an.

»Das ist der Bursche, der die Helden rettet«, sagte ich. »Ihr Job ist es, mich zu retten.«

Lektion 19

Verirre dich mal in einem Land, dessen Sprache du nicht verstehst

Es war mein erster Schultag am Theodor-Heuss-Gymnasium in Göttingen. Ich war sechzehn und konnte nur ein paar Brocken Deutsch. Meine Austauschpartnerin Katrin ging mit mir in meine neue Schule und führte mich herum. Sie vergewisserte sich, dass ich den Weg zur Bushaltestelle kannte. Eigentlich hätte ich nach dem Unterricht auf sie warten sollen, aber ich war früher fertig und glaubte, dass ich ohne sie klarkäme.

Da hätte ich mich aber getäuscht. Ich lief durch die Stadt, bis ich mich komplett verirrt hatte. Ich wusste nicht mehr, wo ich war und wie ich nach Hause zurückfinden sollte. Einen Stadtplan hatte ich auch nicht dabei. Die Lage war verfahren. Orientierungslos irrte ich durch Göttingen und hoffte, irgendetwas im Stadtbild wiederzuerkennen. Eine gute Stunde verging. Dann begegnete ich einer Frau, die mir vage bekannt vorkam. Es war die Mutter meiner örtlichen Ansprechpartnerin. Sie setzte mich in den richtigen Bus, der mich zu meiner Gastfamilie brachte.

Ich fühlte mich damals sehr verloren. Ich konnte die Sprache nicht. Ich hatte kein Handy. Ich hab's überlebt. Es ist okay, sich manchmal zu verirren.

Liebe Emma,
es spielt keine Rolle, was du anstrebst
im Leben. Wichtiger ist, wer an deiner
Seite geht und wofür du dich einsetzt.
In Liebe, dein Dad

5

Mein Gamer-Girl

Ich sollte bald begreifen, dass ein Großteil des Lebens als Patient aus Warten besteht. Ich wollte einfach nur in die Klinik und mir den Tumor aus dem Körper schneiden lassen. Stattdessen mussten wir uns bis kurz vor Weihnachten in Geduld üben. Es passte mir überhaupt nicht, dass eine eigentlich so fröhliche Zeit davon überschattet sein sollte.

Meine OP war für den 20. Dezember angesetzt. Ich hoffte, ich könnte am 22. wieder zu Hause sein. Ein normales Weihnachtsfest würden wir nicht feiern können, aber wenigstens wären wir dann – wenn alles gut ging – zusammen.

Ich kaufte Weihnachtsgeschenke und half, das Haus zu schmücken. Ich flog sogar zu einem Vorstellungsgespräch nach Denver. Die Bewerbung hatte ich noch vor der Diagnose abgeschickt. Nachdem ich von meiner Krankheit erfahren hatte, bekam die Stelle eine ganz neue Bedeutung. Derzeit hatte ich mein eigenes Unternehmen und musste für meine Krankenversicherung selbst aufkommen, außerdem hatte ich keine Berufsunfähigkeitsversicherung. Wenn ich für die neue Firma arbeitete, konnte ich meine Familie finanziell besser absichern. Wir wussten nicht, was die Zukunft uns bringen würde, und ich wollte das Beste für alle Beteiligten herausholen.

Ich stellte sicher, dass die Personalabteilung der neuen Firma über meine gesundheitlichen Probleme Bescheid wusste. Zu ihren Vertretern gehörte eine ehemalige Kollegin. Ich nahm sie beiseite und erklärte ihr, was los war.

»Also: Ich werde am 20. Dezember operiert. Es gibt drei Möglichkeiten. Erstens: Ich sterbe auf dem OP-Tisch. Zweitens: Ich werde operiert, alles geht gut, und ich bin drei Tage später zu Hause. Drittens: Die OP ist nicht so erfolgreich, sie sagen mir, dass ich noch ein Jahr zu leben habe, und das bedeutet, dass ich nicht herkomme und bei euch arbeite.« Ich war froh, dass ich hier eine Freundin hatte, die dem neuen Arbeitgeber dies alles erklären konnte. Während des gesamten Bewerbungsprozesses wurde mir viel Verständnis entgegengebracht.

Eines Morgens beobachtete ich Lissa beim Geschirrspülen. Ich wusste, wie schwer meine Krankheit auf ihr lastete. Sie versuchte, Stärke auszustrahlen, die Familie zusammenzuhalten und die Feiertage schön zu gestalten. Ich merkte, wie fertig sie war, ging zu ihr, nahm sie fest in den Arm und sagte: »Es tut mir so leid. Das war nicht unsere Abmachung.«

»Doch, doch, das war es«, antwortete sie, ohne von der Spüle aufzublicken, »so stand es im Ehegelübde.«

Ich weiß nicht, wie ich das alles ohne Lissa überstanden hätte.

Manchmal sage ich zum Scherz, dass aus uns kein Ehepaar geworden wäre, wenn wir uns erst in den letzten Jahren kennengelernt hätten. Heutzutage gibt es jede Menge Gamer-Girls, die ein ähnliches Interesse an teuren Technologien und Computerspielen haben wie ich und stolz darauf sind. In meiner Jugend war meine erste Freundin das einzige Gamer-Girl, das ich kannte. Lissa hat noch nicht mal alle Star-Wars-Filme gesehen. Eine Schande! Zum Glück fragte ich erst danach, als ich schon über beide Ohren in sie verliebt war.

Lissa und ich führten ursprünglich eine ziemlich wackelige Fernbeziehung. Wir lernten uns in Virginia bei einer Konferenz für Vertriebsleiter von Circuit City kennen und waren danach eine Weile zusammen. Ich lebte in Syracuse, New York, und Lissa in Richmond, Virginia. Ich war noch jung, erst vierundzwanzig, und Lissa war eine »erfahrene Frau« von neunundzwanzig. Unser Altersunterschied war mir nicht geheuer. Wir waren nicht lange ein Paar, und nachdem ich die Beziehung abgebrochen hatte, bestand zwischen uns eine Weile kein Kontakt mehr. Dann näherten wir uns langsam wieder an, aber es blieb bei einer Freundschaft auf Distanz. Wir gaben uns sogar Tipps für unsere jeweiligen Beziehungen. Unsere Telefonrechnungen waren horrend, weil wir nachts stundenlange Gespräche führten.

Dann kam mich an einem Wochenende mein bester Freund Ted besuchen. Wir unterhielten uns über die tiefe Freundschaft, die zwischen Lissa und mir entstanden war. Ich war mit keiner anderen Frau zusammen, und Lissa war mir trotz der räumlichen Distanz sehr wichtig. Als wir über dieses Paradox diskutierten, sagte Ted: »Du liebst sie. Eindeutig.«

Ich fuhr herum. Lächerlich! Dann durchfuhr mich die Erkenntnis: Er hatte absolut recht. Wieso hatte ich das selbst nicht gemerkt?

Irgendwie konnte ich Lissa begreiflich machen, dass ich es gern noch einmal versuchen würde. Wir trafen uns, aber wir waren vorsichtig. Immerhin wohnten wir immer noch fast neunhundert Kilometer voneinander entfernt. Als Verkaufsleiter musste ich an den meisten Wochenenden arbeiten. Es war nicht leicht, unter diesen Umständen eine Beziehung aufzubauen.

Wenige Monate später hörte ich von einer offenen Stelle für einen Produktmanager in der Unternehmenszentrale. Auf diesem Posten war man für die Hälfte aller Produkte in meinem Bereich verantwortlich, und die Stelle war dementsprechend begehrt. Für mich war es der Traumjob schlechthin, und obendrein würde ich in derselben Stadt wie Lissa leben können! Schluss mit monatlichen Telefonrechnungen von über dreihundert Dollar und dem ewigen Herumsitzen auf Flugplätzen! Ich würde sie tatsächlich öfter als einmal im Monat sehen können!

Als mir die Stelle angeboten wurde, waren wir begeistert von der Chance, die unsere Beziehung dadurch erhielt. Ende August zog ich nach Richmond um, und im Oktober machte ich Lissa einen Heiratsantrag. Wir planten eine einfache Hochzeit im Frühjahr. Natürlich wollten wir das Ereignis gebührend feiern, aber wir hatten nicht vor, viel Geld für eine extravagante Trauung auszugeben, sondern wollten lieber auf die Anzahlung für ein Haus sparen. Wenn wir zu Hause eine einfache Feier für Verwandte und Freunde ausrichteten und im Garten grillten, waren wir danach nicht weniger verheiratet als nach einem Hochzeitsempfang für zehntausend Dollar.

Doch die geplante schlichte Zeremonie ließ sich nicht verwirklichen. Wir hatten noch keinen Garten. Lissas Eltern redeten auf einmal von Festsälen und schickten uns Angebote von Cateringfirmen. Mit jedem Tag, der verging, stiegen die Kosten und unser Stresspegel.

Ein paar Wochen nach unserer Verlobung fuhren Lissa und ich an Thanksgiving zu meinen Eltern. Thanksgiving bei meiner Familie muss man erlebt haben. Meine Mutter erklärt das

Familienfest regelmäßig stolz zu »ihrem Tag« und schlägt sich mit der Faust gegen die Brust, als würde sie in die Schlacht ziehen. Oft kommen um die fünfundzwanzig Verwandte aus Upstate New York, und mehrere Generationen quetschen sich in die knapp fünf mal fünf Meter große Küche. Die Küchentür ist gleichzeitig der Zugang zum Garten und hängt buchstäblich schief in den Angeln, weil die Kinder ständig ins Freie und wieder ins Haus laufen. Vier Personen sitzen am Küchentisch und spielen zwischen den Töpfen und Pfannen Binokel. Wir laden sogar Gäste ein, die nur »im Geiste« zur Familie gehören und meistens klug genug sind, erst kurz vor dem Dinner zu erscheinen.

Mom rührte gerade in einer Schüssel, als Lissa und ich unser Klagelied anstimmten, dass die Kosten für unsere Hochzeit explodierten und uns die Planung zu entgleiten drohte. Aufgebracht erzählten wir von Caterern und Festsälen. Wir wollten uns nur Luft machen, Rat oder gar Hilfe erwarteten wir nicht. Wir bekamen jedoch beides.

Meine Mutter legte den Rührlöffel aus der Hand und wischte sich die Hände an der Schürze ab. »Warum heiratet ihr nicht hier? Gleich morgen?«

Ich starrte sie an. Meinte sie das ernst? Uns fielen spontan tausend Gegenargumente ein. »Wir haben nichts Passendes anzuziehen«, sagte ich. Und Lissa fügte hinzu: »Wir haben nicht mal die Eheringe.« Ich spielte die letzte Karte aus: »Man muss die Eheschließung spätestens vierundzwanzig Stunden vorher auf dem Amt beantragen.«

Wir schüttelten den Kopf. Es war lieb von ihr, unsere Probleme lösen zu wollen, aber bedauerlicherweise ging es nicht.

Doch unsere Proteste wurden abgeschmettert. Mom griff mit einer Hand nach dem Telefonhörer, während sie mit der anderen weiter die Soße rührte, und rief die Gemeindesekretärin an. »Almeta, können mein Sohn und seine Verlobte heute noch eine Heiratslizenz bekommen? Ach, ihr seid eben mit dem Essen fertig? Wunderbar. Steve kann gleich mit ihnen rüberkommen.«

Und los ging's. Mein Vater fuhr uns zu Almeta, und wir füllten bei ihr zu Hause auf der Veranda die Formulare aus. Wenn wir wollten, konnten wir uns am nächsten Tag trauen lassen.

Wenn du schnell vorankommen willst, geh allein. Wenn du weit kommen willst, geh mit anderen.

Afrikanisches Sprichwort

Am Freitagvormittag fuhren wir in das ungefähr sechzig Kilometer entfernte Einkaufszentrum. Wir suchten die Eheringe aus und fragten nach einem »Wir-heiraten-heute«-Rabatt. Der Verkäufer wollte uns erst nicht glauben, aber wir konnten ihn dann doch überzeugen und bekamen unsere Prozente. Danach steuerten wir ein Modehaus an, um uns etwas zum Anziehen zu kaufen, aber in mir regten sich Bedenken. »Brauchen wir wirklich noch mehr Kleider? Widerspricht das nicht unserer Vorstellung von einer einfachen Hochzeit?« Lissa hatte schon in Richmond ein Kleid gekauft. Wir wechselten einen Blick und waren uns einig, dass eine Trauung in Jeans und Pulli auch nicht weniger wert war.

Die Rückfahrt zu meinen Eltern kam mir unendlich lang vor. Ich glaube, wir haben kaum ein Dutzend Worte gewechselt. Meine Hände klebten am Lenkrad. Wollten wir das wirklich durchziehen? Es kam so plötzlich. So unerwartet und spontan.

Während unserer Einkaufstour war meine Familie nicht untätig geblieben. Sie hatten dem Friedensrichter Bescheid gegeben, Blumenschmuck besorgt, Stühle aufgestellt und meinen besten Freund Ted angerufen und als Trauzeugen engagiert. Sie hatten sogar als fotogene Hintergrundkulisse einen Weihnachtsbaum aufgestellt.

Wir heirateten am Nachmittag. Es war eine schlichte Zeremonie im Kreis der Familie und einiger Freunde. Sie entsprach vielleicht nicht unseren Idealvorstellungen, aber wir sind bis heute genauso gut verheiratet, als hätten wir nach monatelangen Planungen die Ehe geschlossen.

Sie fragen sich vielleicht, wie es kam, dass meine Familie ein solches Ereignis innerhalb von achtzehn Stunden auf die Beine gestellt hat. Die Antwort: Meine Familie ist nicht nur ausgesprochen hilfsbereit, sondern auch noch bestens geeignet für solche Vorhaben. Sie verfügt über gute Kontakte zur Gemeindeverwaltung, zum Blumenhändler und zum Friedensrichter und jede Menge Stühle, weil mein Vater Steve der Bestatter meiner Heimatstadt war. Wir heirateten im Bestattungsunternehmen Callaghan.

Nicht viele Frauen wären bereit, in einem Bestattungsinstitut zu heiraten. Aber Lissa haut nichts so leicht um, und deshalb war sie in all den Jahren auch eine so großartige Gefährtin und Mutter. Sie ist nüchtern und pragmatisch. Und so ging sie auch den Kampf gegen den Krebs an. Als er begann, war ich so froh, sie an meiner Seite zu haben.

Zur Operation begleitete mich Lissa natürlich auch. Als ich aus der OP-Schleuse gerollt wurde, hatte mich jemand mit Heizdecken zugedeckt. Was für ein wunderbar angenehmes Gefühl von Geborgenheit! Ich war mehr als bereit für diese OP. Ich wünschte mir so, das Ganze wäre endlich ausgestanden.

Die Operation dauerte länger als erwartet. Der Tumor hatte ein ausgedehntes Netz von Blutgefäßen gebildet, die ihn ver-

sorgten, und sie mussten alle entfernt werden. Als ich im Auf-
wachraum zu mir kam, war ich noch ziemlich benommen. Ich
schwitzte, und jemand betupfte meine Stirn und meinen Hals
mit einem feuchten Waschlappen.

Aber das Wichtigste: Ich lebte noch. Mir ging nur ein Gedanke durch den Kopf – hoffentlich war dieser Albtraum bald
vorbei. Dann wäre ich endlich wieder Ehemann, Vater, Sohn,
Bruder und Arbeitnehmer. Ich hatte es satt, Patient zu sein.

Lektion 23

Lies die empfohlene Lektüre

Während meines Studiums belegte ich ein Seminar über europäische Wirtschaft. Den Grund dafür weiß ich nicht mehr. Ich interessierte mich nicht besonders für Wirtschaft und noch weniger für die europäische. Aber ich war nun mal eingeschrieben. Die Pflichtlektüre war schon umfangreich genug, und erst die Liste der Lektüreempfehlungen … Sie war doppelt so lang. Ich quälte mich durch den Kurs und bekam eine mittelmäßige Zwischennote. Obwohl es den meisten meiner Kommilitonen ähnlich ging, beschlich mich das Gefühl, mich nicht genug angestrengt zu haben.

Deshalb verbrachte ich von da an viel Zeit in der Bibliothek und beschäftigte mich mit dem empfohlenen Lesestoff. Vieles konnte ich für das Seminar verwenden, und allmählich verstand ich mehr von der Materie. Ein Experte für europäische Wirtschaft würde aus mir trotzdem niemals werden, aber ich hatte fest vor, am Ende des Jahres eine bessere Note zu bekommen.

Vor der Prüfung ließ uns der Professor wissen, dass wir diesmal unsere Notizen verwenden durften. Wie gut, dass ich so viele Stunden in der Bibliothek gesessen und mir aus den empfohlenen Büchern wichtige Textstellen herausgeschrieben hatte!

Es wird im Lauf der Zeit vieles von dir verlangt werden. Wirf auch einen Blick auf das, was dir *empfohlen* wird. Es könnte dir das Leben erleichtern.

6

Botschaften mit Bedeutung

Ich stand an der Arbeitsplatte und schnippelte Möhren. Mein Rücken tat weh, und so zog ich mir einen Hocker heran, damit ich mich ein Weilchen hinsetzen konnte. Dr. Bradford hatte gesagt, viele Patienten könnten zwei Wochen nach der Operation wieder ins Büro gehen. Wie diese »vielen« das schafften, war mir schleierhaft. Ich jedenfalls konnte mich gerade mal im Bademantel durchs Haus schleppen.

Ich versuchte, die negativen Gedanken abzuschütteln, aber sie klebten an mir wie Spinnweben. Ich hatte mich nicht so rasch erholt wie erwartet, war ständig müde und hatte Schmerzen. Ich fühlte mich wie ein Versager.

Die Schmerzmittel führten dazu, dass ich immer wieder ungewollt einnickte, und oft wachte ich erst Stunden später wieder auf. Eine Woche nach der OP setzte ich die Mittel ab. Ich konnte nicht noch mehr Chaos in meinem Leben gebrauchen.

Lissa, Emma und ich versuchten, unseren »normalen« Alltag wiederaufzunehmen. Lissa ging wieder arbeiten, aber jetzt in Vollzeit statt Teilzeit. Trotz der »erfolgreichen« Operation hatten wir Angst. Wir wussten, dass enorme Arztkosten auf uns zukamen, und bemühten uns um höhere Einkünfte. Und obwohl wir es nicht aussprachen, dachten wir beide insgeheim, dass Lissa einen sicheren Job brauchte, falls … nun ja, falls das Unaussprechliche geschah.

Ich lebte definitiv nicht im Normalzustand, sosehr ich mich auch danach sehnte. Damals begriff ich noch nicht, dass mein Leben nie wieder normal verlaufen würde. Wir würden ständig neu definieren müssen, was »normal« bedeutete.

Die Operation war vorbei, aber ich hatte immer noch Angst davor, viel zu früh zu sterben. (Andererseits – was bedeutet eigentlich »zu früh«? Wer definiert, wann das ist?) Nachts schlief ich schlecht. Schmerzen oder intensive Albträume rissen mich aus dem Schlaf. So heftige Albträume hatte ich noch nie gehabt. Manchmal erlebte ich im Traum Gewalt (Kriminelle brachen in unser Haus ein oder griffen meine Familie an). Manchmal ging die Gewalt von mir aus (ich boxte jemandem ins Gesicht oder attackierte andere Menschen gnadenlos). Diese Träume beunruhigten mich, denn sie widersprachen meinem

Selbstverständnis. Ich hielt mich für einen ausgeglichenen Menschen.

Mein neuer Job als Vertriebsleiter begann Mitte Januar, und so flog ich genau einen Monat und einen Tag nach meiner Operation nach Denver. Im Grunde war ich zur Rückkehr an den Arbeitsplatz noch nicht bereit. Es tat mir weh, mich eine ganze Woche von meiner Frau und meiner Tochter zu trennen. Aber nicht nur das: Ich hatte immer noch Schmerzen und fühlte mich matt – körperlich, geistig, emotional und seelisch.

Die Woche verging dann doch recht schnell, und ich war froh, als ich wieder im Flugzeug saß. Dieser Job würde viele Geschäftsreisen mit sich bringen, worüber ich jetzt schon unglücklich war. Die Operation war zwar Vergangenheit, aber der Krebs hatte tiefe Narben bei mir hinterlassen. Ich klammerte mich an meine Familie und suchte verzweifelt die Nähe von lieben Menschen. Ich wusste ja nicht, wie viel Zeit mir noch blieb. Wenn man sich einmal der eigenen Vergänglichkeit bewusst geworden ist, fällt es schwer, die Scheuklappen wieder anzulegen.

Jeden Morgen war ich als Erster auf den Beinen. Mir gefällt das Zwielicht der Morgendämmerung und die Stille ringsumher. Das war ja einer der Gründe, weswegen ich das Lunchpaket für Emma herrichtete und mir immer die Zeit nahm, etwas auf ihre Serviette zu schreiben.

Nach meiner Diagnose saß ich morgens oft wie benommen

am Tisch und starrte auf die leere Serviette. Insgeheim hatte ich die Befürchtung, dass meine Notizen einmal das Einzige sein würden, was von mir bliebe. Ich fing an, sie als eine Art Leitfaden zu betrachten. Es war so ähnlich, als würde ich für Emma ein Buch schreiben und darin alles aufführen, was ich ihr fürs Leben mitgeben wollte. Emma war gerade zwölf geworden und fast schon ein Teenager. Welche Herausforderungen würde sie Tag für Tag meistern müssen?

Ich wusste, wie sehr man als Teenager unter dem Anpassungsdruck seiner Altersgenossen steht. Deshalb hatte ich es mir seit einer Weile angewöhnt, ihr beim Abschied – egal, ob ich zur Arbeit ging oder sie im Auto zur Schule fuhr – immer einen bestimmten Satz mitzugeben: »Sei du selbst!« Ich sagte es stets mit einem Lächeln auf den Lippen.

Ich weiß nicht, warum gerade dieser Satz mir so wichtig war. Während meiner Kindheit und Jugendzeit war es mir ganz und gar nicht leichtgefallen, »ich selbst« zu sein. In Port Leyden wohnen sechshundert Leute, die kein leichtes Dasein haben. Sie leben von ihrer Hände Arbeit als Waldarbeiter oder Farmer. Sie halten viel von Sportsgeist und Pragmatismus. Ich hingegen war der kleine Klugscheißer, der für Science-Fiction schwärmte. Ich passte einfach nicht dahin.

In der sechsten Klasse nahmen mich dann ein paar Lehrer unter ihre Fittiche und förderten mich. Als ich in die Highschool kam, war ich einer der Besten. Ich hatte sogar einen Berufsberater, der mich für ein Stipendium vorschlug. Damit konnte ich ein Jahr lang in Deutschland zur Schule gehen.

Ich sprach kein Deutsch. Meine Eltern waren nie aus den USA herausgekommen. Aber seit mein Lehrer das Stipendium erwähnt hatte, wusste ich, dass ich es bekäme. Ich würde in Deutschland leben.

Und das tat ich. Ich wohnte ein ganzes Jahr lang bei einer Gastfamilie am Stadtrand von Göttingen. Ich kam aus einem Sechshundert-Seelen-Dorf im Staat New York und fand mich in einer lebhaften Universitätsstadt wieder, in der mir buchstäblich *alles* fremd war.

Das Jahr war ein Wendepunkt in meinem Leben. In Deutschland fand ich zu mir selbst. Niemand konnte mir eine Orientierung geben. Die deutschen Kinder benahmen sich aus meiner Sicht sowieso etwas seltsam, und wenn sie komisch waren, dann konnte ich es auch sein. Endlich durfte ich der sein, der ich immer hatte sein wollen.

Emma sollte nicht so lange warten oder ins Ausland reisen müssen, um sich in ihrer Haut wohlzufühlen. Deshalb griff ich in meinen täglichen Lebensweisheiten dieses Thema auf. Ich wollte, dass sie sich etwas zutraute. Sie sollte sich nicht nach den Anschauungen anderer richten, vor allem dann nicht, wenn es um Banalitäten ging.

»Glaub an dich«, schrieb ich. »Du kennst den richtigen Weg. Es ist an dir, die richtige Entscheidung zu treffen.«

Stolz betrachtete ich mein Werk. Genau dieses Gefühl hatte ich ausdrücken wollen. Ich wollte ihr sagen, dass ich ihr vertraute. Dass sie alles in sich trug, was sie brauchte.

Ich wusste, dass ich am nächsten Tag sehr früh aufbrechen musste, deshalb griff ich nach einer zweiten Serviette. Ich legte oft einen kleinen Stapel für Lissa zurecht, den sie in Emmas Lunchbox legen konnte, wenn ich verreist war. Ich fragte mich, wie Emma wohl die Krisen verkraftete, die wir als Familie durchgestanden hatten, und wählte ein japanisches Sprichwort, das mir immer viel bedeutet hatte: »Fall siebenmal hin. Steh achtmal wieder auf.«

Lektion 27

Such dir einen Job als Kellnerin

Kellner und Kellnerinnen arbeiten in vielen Ländern nur fürs Trinkgeld. Sie sind verantwortlich für einen guten Service und arbeiten praktisch zu hundert Prozent auf Kommission. Ihr Job ist ziemlich undankbar. Es handelt sich um eine harte, körperlich anstrengende Arbeit, und wenn sie Trinkgeld wollen, müssen sie gute Laune ausstrahlen, freundlich, höflich, zuvorkommend und gute Teamplayer sein. Das sind wichtige Qualitäten, die man in jedem Job braucht.

Ich fing mit zwanzig mit dem Kellnern an. Eigentlich wollte ich über den Sommer als Barkeeper arbeiten, aber dazu fehlte mir die Erfahrung. Und die brauchte man als Kellner nicht. Kellnern ist Routinearbeit. Ich wurde auf der Stelle engagiert. In jenem Sommer schuftete ich wie ein Pferd und lernte eine Menge über Gastronomie und das Leben im Allgemeinen.

Deine Erfahrungen als Kellnerin werden dich zu einem besseren Teamplayer machen. Du wirst dir viele grundlegende Fähigkeiten aneignen, die du später im Leben brauchen kannst. Und du wirst ein besserer Gast werden. Du wirst beide Seiten kennen und nie zu wenig Trinkgeld geben.

Der Wert von Gefühlen besteht darin,
sie mitzuteilen, nicht nur darin, sie zu haben.

Simon Sinek

7

Das Sammelalbum

Nach einigen Wochen hatte ich mich an die neuen Arbeitsab-
läufe gewöhnt. Eines Tages arbeitete ich von zu Hause aus und
saß gerade in der Küche, als Emma aus der Schule kam. Sie ließ
ihren schweren Rucksack auf den Boden plumpsen und fing
an, darin zu wühlen. Sie holte die Lunchbox heraus und trug
sie ins Esszimmer. Ich war neugierig, was sie da tat, und spähte
durch den Türspalt. Was machte sie nur? Sie nahm die Serviette
mit meinem Zitat heraus und riss sie auseinander.

Ich traute meinen Augen nicht und war schockiert. *So schlecht
war mein Zitat?*, dachte ich und versuchte, mich daran zu erinnern, was darauf stand. Vielleicht hatte sie nur einen harten
Tag gehabt.

Ich holte tief Luft. Dann ging ich zu ihr und legte ihr die Hand auf die Schulter. Sie hob den Kopf.

»Was machst du da, Schatz? Hat dir meine Notiz nicht gefallen?«

Emma runzelte verwirrt die Stirn, dann ging ihr der Sinn meiner Frage auf.

»O nein, Dad, das ist es nicht«, lachte sie. »Warte, ich bin gleich zurück.« Sie rannte die Treppe hoch. Ein paar Sekunden später (ich staunte immer über ihren Energiepegel, zumal ich selbst nur mit Mühe die Treppe hochkam) hopste sie mit einem dicken, schwarzweißen Schulheft in der Hand die Stufen wieder herunter. Sie hielt es mir stolz entgegen.

Ich schlug das Heft auf. Auf den Seiten klebten meine Serviettenbotschaften, sorgfältig abgetrennt und nach Datum geordnet.

Dass sie sich dafür die Zeit genommen hatte! Als ich die gesammelten Briefchen mit meiner Handschrift und meinen persönlichen Nachrichten sah, begriff ich, wie wichtig sie ihr sein mussten.

Gerührt nahm ich sie fest in die Arme. »Danke, Emma. Es bedeutet mir so viel … dass du sie aufhebst«, sagte ich und versuchte, mich nicht von meinen Gefühlen überwältigen zu lassen. Wir setzten uns auf den Boden und blätterten in dem Heft. Alle liebevollen und positiven Gefühle, die ich ausdrücken wollte, waren dort versammelt. Dann fiel mein Blick auf das Datum der ersten Serviette: 6. Januar 2012.

Das war der Tag, an dem sie zum ersten Mal nach meiner Operation wieder zur Schule gegangen war.

Mein Herzschlag setzte aus. Ich wusste, dass meine Krankheit auch Emma schwer zusetzte. Sie hatte sich große Mühe gegeben, zu verstehen, was mit mir geschah, aber sie war erst zwölf.

Ich drückte sie. »Wie bist du auf die Idee gekommen, sie zu sammeln?«, fragte ich leise.

Sie entzog sich. »Es gibt keinen besonderen Grund. Ich wollte sie aufheben, einfach so.« Sie stand auf, lief nach oben und suchte ihre Mom.

Okay, vielleicht interpretierte ich zu viel in die Sache hinein. Sie hatte sie einfach aufheben wollen. Ich musste ja nicht gleich rührselig werden.

Liebe Emma,
wenn ich dir eines mitgeben könnte, dann wäre es die Fähigkeit, dich durch meine Augen zu sehen. Erst dann würdest du begreifen, wie viel du mir bedeutest.
                                    In Liebe, dein Dad

Erst viel später, als ich unsere Geschichte veröffentlicht hatte, erfuhr ich, dass mich mein Instinkt nicht getrogen hatte. Eine Mitarbeiterin unseres Lokalblatts wollte eine Reportage über uns schreiben. Die Journalistin war über meine Facebook-Seite gestolpert und fand, sie eigne sich für eine Real-Life-Reportage. Zumindest glaubte das der Verleger. Emma und ich gaben also von zwei Anschlüssen unserer Festnetznummer aus ein gemeinsames Interview. Als wir erzählten, wie Emma mir ihr Schulheft gezeigt hatte, stellte die Journalistin die Frage, die ich mir verkniffen hatte: »Warum hast du dich entschlossen, die Servietten zu behalten?«

Emma antwortete bemerkenswert selbstbeherrscht: »Na ja, es war kurz nach Dads Krebsdiagnose, sie hatten ihn gerade zum ersten Mal operiert. Ich wusste nicht so genau, was los war, aber ich habe mir große Sorgen gemacht. Ich wusste einfach nur, dass ich ein Stück von ihm bei mir haben wollte.«

In diesem Augenblick war ich heilfroh, dass wir nicht im selben Zimmer saßen, denn ich konnte kaum gegen die Tränen ankämpfen. Sie war unglücklich gewesen und hatte gespürt, dass sie mich womöglich verlieren würde. Ich hatte gehofft, dass ich meine größten Ängste vor meiner Tochter geheim halten könnte. Wie sich herausstellte, kannte sie sie ganz genau und hatte sich deshalb an meine Botschaften geklammert.

Erfinde einen Cocktail

Während meiner letzten beiden Collegejahre jobbte ich als Bar-keeper. Dadurch wurde ich nicht nur kompetenter, was den Kundenservice betraf, sondern lernte auch ganz anständige Cocktails mixen. Die Klassiker, nicht den Mist, den manche Restaurantketten heutzutage als »Spezialität« zusammenschütten und verkaufen. Altmodische Manhattans, Martinis, Whisky Sours und Sidecars, die Standardcocktails eben. Ja, sicher, du solltest auch Bier einschenken und ein paar Weine unterscheiden können, aber einen Cocktail zu mixen ist eine echte Kunst. Auf Partys und Festen bist du damit immer heiß begehrt.

Warum ist das wichtig? Wer einen Cocktail mixt, kippt nicht nur alkoholische Getränke in einen Mixer. Er signalisiert Gesprächsbereitschaft. Deine Hände und dein Geist sind beschäftigt, aber zuhören kannst du trotzdem. Du gibst deinem Freund die Gelegenheit, sich zu entspannen und mit dir zu reden. Vielleicht musst du Obst klein schneiden oder Eis besorgen. Das alles braucht Zeit, und in dieser Zeit kannst du mit deinem Freund genießen, dass ihr zusammen seid.

Garths Spezialdrink: Wodka Gimlet

1. Löse eine Tasse Zucker in einer Tasse Wasser auf.
2. Gib dieselbe Menge Limettensaft zu dem einfachen Sirup, den du gerade hergestellt hast.
3. Verrühre Wodka und Eis in einem Mixglas.
4. Gib etwas von dem einfachen Limettensirup dazu. Er sollte den Drink leicht eintrüben.
5. Gieße ihn anschließend ohne die Eiswürfel in ein Cocktailglas.

Fünf Tipps für Barkeeper

1. Nimm hochwertige Zutaten.
2. Lass dir Zeit.
3. Gib dein Bestes.
4. Hör zu.
5. Sprich.

ZWEITE RUNDE

Mit den Homeruns von gestern
gewinnst du heute kein Spiel.

Babe Ruth

Lerne, als würdest du ewig leben.

Mahatma Gandhi

8

Die Prostata ist wie Popcorn

Erst als Emma auf der Welt war, konnte ich meine Mutter wirklich verstehen. Mom war immer das gewesen, was man eine »Glucke« nennt. Sie entspricht voll und ganz dem Stereotyp, das man beispielsweise aus Sitcoms kennt – bis aufs i-Tüpfelchen.

Ich bin ihr Erstgeborener und wurde von meiner Mutter am meisten verhätschelt. Deshalb musste ich sie immer ein Stück weit auf Distanz halten. Ich erzählte ihr nicht jede Kleinigkeit, weil sie dann immer noch mehr hören wollte. Als ich ihr von dem Stipendium für Deutschland berichtete, brach sie in Tränen aus, weil ich sie alleinlassen würde. Seit Emma geboren ist, kann ich ihre Reaktion besser verstehen. Würde ich wollen, dass meine sechzehnjährige Tochter ein Jahr auf einem anderen Kontinent verbringt? Du lieber Himmel, sicher nicht!

Aber bei der Erziehung geht es darum, loszulassen und darauf zu achten, was das Beste für das Kind ist. Eine Auslandsreise ist wie ein Crashkurs im Erwachsenwerden. Man erkennt, wie wichtig es ist, einmal bis an die persönlichen Grenzen zu gehen. Man verlässt seine Komfortzone, wächst daran und wird reifer. Das Jahr in Deutschland hat mich nachhaltig verändert. Es hat nicht nur dazu geführt, dass ich mich letztlich wohler in meiner Haut fühlte, sondern mir auch klargemacht, dass alles auf der Welt zwei Seiten hat. Deutschland war vollkommen anders als die Vereinigten Staaten. Ich erlebte geradezu einen Kulturschock, als ich dort ankam. Aber es war ebenso ein Kulturschock, als ich in die USA zurückkehrte: Die Autos waren so groß, die Leute so laut. Die Erfahrung machte mich diplomatischer. Seither kann ich bei anderen Menschen das Verständnis dafür wecken, dass es auch eine andere Perspektive gibt als ihre eigene.

Meine Eltern hätten sich gegen mein Stipendium sperren können, obwohl alle Kosten gedeckt waren. Sie taten es nicht. Auch sie mussten dafür ihre Komfortzone verlassen, aber sie vertrauten mir. Sie wollten mich nicht zurückhalten. Sie wussten, dass ich die Erfahrung brauchte. Sie gaben mir ein Selbstvertrauen, von dem ich bis heute profitiere.

Es war meiner Mutter schwergefallen, mich im Umgang mit

meiner Krankheit zu unterstützen. Sie trauerte um ihren Mann, und nun musste sich auch noch ihr Sohn mit Krebs herumschlagen. Eine ihrer Nachbarinnen formulierte es so: »Die Callaghans haben ein richtig schlechtes Jahr.« Das war schwer untertrieben.

Meine Mutter und ich hatten zu einer Beziehung gefunden, die von gegenseitigem Verständnis gekennzeichnet war. Sie machte sich Sorgen um mich und meine Gesundheit, und ich war endlich bereit, ihre Fürsorge anzunehmen. Mir war nicht wohl bei dem Gedanken, dass sie allein in einem großen Haus lebte, fern von uns und in Trauer um ihren Ehemann, mit dem sie vierzig Jahre verheiratet gewesen war. Ich rief sie jeden Tag an, nicht, um viel zu reden, sondern um sicher zu sein, dass sie nicht gestürzt und das Haus nicht abgebrannt war. Es war mir gar nicht recht, dass ich mich nicht besser um sie kümmern konnte und ein so großer Teil meiner Energie von meinen gesundheitlichen Problemen absorbiert wurde.

Wie jeder Mensch weiß, bei dem einmal Krebs diagnostiziert worden ist, befindet man sich immer in Lauerstellung, ob er wiederkommt, selbst wenn man ihn angeblich »besiegt« hat. Zu meiner neuen Normalität gehörten regelmäßige Scans und Untersuchungen. Alle sechs Monate sollte ich zur CT, damit ein neuer Nierenkrebs ausgeschlossen werden konnte. Außerdem wurde ich zu einem Nephrologen geschickt, dessen Aufgabe es war, dafür zu sorgen, dass die verbleibende Niere gesund blieb. Mein Nephrologe und mein Urologe schienen sich häufig kurzzuschließen.

Im Mai war die Zeit für meine erste Halbjahresuntersuchung gekommen. Mein Urologe Dr. Bradford erklärte anschließend, mein PSA-Wert sei ein wenig erhöht (»PSA« steht für das prostataspezifische Antigen). Bei einem Mann von Anfang vierzig war er auffällig genug, um der Sache nachzugehen. Außerdem zeigten die CT-Scans eine leicht vergrößerte Prostata. (Ich fragte mich, wie sie zu diesem Wert kamen. Schließlich wusste niemand, wie groß die Prostata vor dem Scan gewesen war – was also bedeutete »leicht vergrößert«?)

Dr. Bradford beruhigte mich. Er ging von einer Entzündung aus und verschrieb mir Antibiotika. Aber meine Werte verbesserten sich nicht. Er schlug eine Prostata-Biopsie vor.

Ich war skeptisch. Mein Vater war vor Kurzem nach einer unnötigen Lungenbiopsie gestorben. Vor meiner letzten Operation war keine Biopsie gemacht worden, und der Eingriff klang ziemlich invasiv. Aber Angriff war wohl die beste Verteidigung. Wenn alles in Ordnung war – wie wir hofften –, konnte ich in den kommenden sechs Monaten meinem normalen Alltag nachgehen. Danach ging es dann wieder los mit der Suche nach neuen Krebszellen, aber Suchen war hier immer noch besser als Finden.

Am Tag der Biopsie brachte Lissa mich in die Praxis, weil ich hinterher nicht allein nach Hause fahren konnte. Wir saßen nebeneinander im Wartezimmer, blätterten in Zeitschriften und machten Smalltalk. Es kam mir vor wie ein Déjà-vu.

Während ich auf den Arzt wartete, plauderte ich mit der Krankenschwester Kaky. Es stellte sich heraus, dass sie die Nachbarin eines Kollegen war. In dieser Umgebung kam mir der harmlose kleine Schwatz fast unwirklich vor.

Nicht lange danach war ich wieder auf dem Heimweg. Die Prozedur lag hinter mir, aber ich kann nicht behaupten, dass sie angenehm war. Wieder einmal fand ich, dass die Ärzte das Geschehen verharmlosten. War ich so eine Mimose oder spielten sie die Sache herunter, weil sonst kein Mann, der bei klarem Verstand war, sich ihr unterziehen würde?

Als eine Kollegin ein Jahr später einen roten Tacker aus der Schublade holte, hatte ich plötzlich eine Eingebung. Das simple Bürogerät inspirierte mich dazu, anhand einer fiktiven »Bedienungsanleitung« auf plastische Weise zu beschreiben, wie man die Prozedur als Patient empfindet:

Wie man eine Prostata-Biopsie durchführt

Wenn der Patient auf der Seite liegt, tragen Sie ein Gleitmittel auf und plaudern mit ihm über Belanglosigkeiten.
Schritt 1: Sie nehmen einen Tacker in die Hand und klappen ihn auf.
Schritt 2: Sie führen den Tacker in das Rektum des Patienten ein.

Dort schieben Sie ihn hin und her. (Als Navigationshilfe befindet sich im Tacker ein Ultraschallgerät.)

Schritt 3: Sie tackern in der Nähe der Prostata eine Heftklammer in die Darmwand. Die erste Heftklammer enthält ein Lokalanästhetikum. Bei diesem Geräusch wird der Patient von der Liege hüpfen wollen. Legen Sie eine Hand auf seine Hüfte und halten Sie ihn fest. Lassen Sie ihn nicht entkommen.

Schritt 4: Sie betätigen den Tacker so lange, bis Sie zwölf Proben Prostatagewebe entnommen haben.

Das war schon kein Zuckerschlecken, und als Kaky mir die Patienteninformation für die Zeit nach der OP reichte, fügte sie noch hinzu, möglicherweise fände ich in den nächsten Tagen Blut im Urin. *(Hatten wir das nicht schon mal?)* Außerdem würde mein Sperma ungefähr einen Monat lang rosarot sein, »… wenn Sie es nicht wie die Karnickel treiben«.

Klar doch. Vielen Dank auch.

Wenn du nicht fliegen kannst, dann lauf,
wenn du nicht laufen kannst, dann geh,
wenn du nicht gehen kannst, dann kriech, aber
was immer du auch tust, du musst weitergehen.

Martin Luther King jr.

Wieder warteten wir ein paar Tage auf die Ergebnisse der Tests und erfuhren dann, dass sie wenig aussagekräftig waren. Die meisten Proben waren negativ, aber es gab auch ein paar ASAP-Zellverbände. ASAP steht für »atypische mikroazinäre Proliferation«; es handelte sich nicht um Krebszellen, aber der Befund verlangte eine Kontrollbiopsie. Na bravo!

Ich wartete drei Monate, bis die Wunde verheilt war, und ließ die Prozedur zum zweiten Mal über mich ergehen – mit zwei Unterschieden. Dr. Bradford nahm zwanzig Proben, und ich verlangte ein Beruhigungsmittel.

Inzwischen war es August geworden, und der Sommer neigte sich dem Ende zu. Trotz der medizinischen Ungewissheit hatten wir unsere Ferien genossen und unzählige Stunden gemeinsam am Pool verbracht. Wir taten so, als wäre alles wie immer, und hofften, auf unbestimmte Zeit so weitermachen zu können.

Dann saßen wir wieder in Dr. Bradfords Behandlungsraum, den wir nun schon besser kannten, als uns lieb war. Eine der Helferinnen gab mir ein Formular, und ich musste eine Reihe von Fragen über meinen Harntrakt und meine Sexualität beantworten. Wozu sollte das denn bitte gut sein? Ich wusste doch, dass ich Krebs hatte, nur nicht, wie schlimm es war. Ich fragte mich, ob Lissa, die mir beim Ausfüllen zusah, dasselbe dachte wie ich.

Der Arzt trat ein. Er schlug meine Akte auf.

Die Neuigkeiten waren nicht allzu schlimm. (Erstaunlich, wie schnell unser Verständnis von Gut und Schlecht während einer Krebserkrankung aus den Fugen gerät!) Die meisten Gewebeproben waren negativ. Eine enthielt Krebszellen. Sie schienen langsam zu wachsen, und da es insgesamt zweiunddreißig Proben gab, handelte es sich vermutlich um einen sehr kleinen Tumor.

»Dann hat der Nierenkrebs also gestreut?«, fragte ich verwirrt. Ich wollte genau verstehen, womit wir es zu tun hatten.

Dr. Bradford schüttelte den Kopf. Das betroffene Areal war zu weit von der Niere entfernt. Das hier war Prostatakrebs.

Ich starrte ihn entgeistert an. Ich hatte schon wieder Krebs. Und es war keine Metastase, sondern ein neuer Tumor. Was zum Teufel stimmte mit mir nicht?

Dr. Bradford reichte mir einen Stapel Papiere. »Ich weiß, dass Sie sich informieren wollen. Mit dem hier können Sie anfangen.«

Es gab eine Reihe von Behandlungsmöglichkeiten, die man in Betracht ziehen konnte. Wir würden mit den Fachärzten Termine vereinbaren und die Methoden gegeneinander abwägen.

Auf dem Weg zum Auto drückte ich die Papiere stumm an mich. In der Praxis hatte ich versucht, mir meinen Schrecken nicht anmerken zu lassen und die Ergebnisse tapfer und lächelnd entgegenzunehmen. Der Arzt sollte wissen, dass ich weiterkämpfen würde.

Dann standen Lissa und ich vor unserem Minivan. Ich setzte mich auf den Beifahrersitz. Lissa schaffte es nicht, den Schlüssel ins Lenkradschloss zu stecken. Eine Träne rollte mir übers Gesicht, und Lissa ergriff meine Hand. Ich schüttelte abwehrend den Kopf. Ich konnte sie nicht einmal ansehen.

»Tut mir so leid, Lissa, damit hatte ich einfach nicht gerechnet. Ich bin so enttäuscht.«

Sie drückte meine Hand. Auch sie war am Boden zerstört.

Es war wieder Zeit, in den Kampf zu ziehen. Anders ließ sich die Situation nicht beschreiben. Aber ich fühlte mich nicht wie ein Krieger. Ich verspürte keinen Drang zu kämpfen, und ich hatte mich von dem letzten Kampf noch nicht erholt.

Wie sollte ich das nur Emma beibringen?

Ich musste ihr erklären, dass ich schon wieder Krebs hatte. Und diesmal musste ich über die Prostata sprechen – nicht gerade mein Lieblingsthema für ein Gespräch mit meiner dreizehnjährigen Tochter. Ich war nervös und angespannt. Am Abend setzten wir uns zusammen, und ich platzte gleich zu Anfang mit der schlechten Nachricht heraus. Ich hätte mit den Worten »Es geht mir gut, ich bin nicht unmittelbar in Gefahr« beginnen sollen. Emma ist ein intelligentes Mädchen. Als sie das Wort »Krebs« hörte, zog sie sofort ihre Schlüsse. Sie brach in Tränen aus, und ich zog sie an mich. Ich musste erst noch lernen, wie man über Krebs spricht.

Ich versuchte Emma zu erklären, dass die Ärzte nicht viele

Krebsgeschwüre gefunden hätten. Die Prostata ist ungefähr so groß wie eine Walnuss, und nur ein winziger Prozentsatz der Zellen war betroffen. Ich überlegte, wie ich ihr die Biopsie und ihre Ergebnisse anschaulich machen könnte. Die Prostata ist wie eine große Schüssel Popcorn, sagte ich. Das Popcorn sind die normalen, gesunden Prostatazellen. Nun stell dir vor, dass in der Schüssel auch ein paar Schokolinsen liegen. Bei der ersten Biopsie haben sie keine gefunden, nur Popcorn, aber bei der zweiten war eine Schokolinse dabei. Dadurch wussten sie, dass da etwas nicht stimmte. Aber eigentlich war fast nur Popcorn in der Schüssel, so gut wie keine Schokolinsen.

Der Vergleich hinkte ein bisschen. Möglicherweise hat er Emma mehr verwirrt als beruhigt.

Der Arzt sei sich ziemlich sicher, dass keine akute Gefahr bestand, fuhr ich fort. Viele Männer bekommen irgendeine Art von Prostatakrebs, wenn sie älter werden. Wir konnten uns zwischen verschiedenen Behandlungsmöglichkeiten entscheiden. Ich würde alles tun, um auch diesen Kampf zu gewinnen.

Wir umarmten uns.

Schließlich sah sie mich an und sagte: »Du hast es echt verdient, dass diese Sache endlich vorbei ist.«

Sie sprach mir aus dem Herzen.

Lektion 30

Iss Eis nur,
wenn es deine Lieblingssorte ist

Ich weiß, das zu akzeptieren fällt dir schwer. Du stehst auf Süßigkeiten, besonders Eis. Ich kann das gut nachvollziehen, denn ich bin auch verrückt nach Eis. Es ist wunderbar sahnig und erfrischend und tut der Seele gut. Ein Eisbecher hat vermutlich um die fünfhundert Kalorien. Auch wenn es vierhundert sein sollten, ist das immer noch eine Menge Fett, das man dem Körper zuführt. Ich esse nur meine Lieblingssorte. Ich vergeude mein Kalorienbudget doch nicht für einen Geschmack, den ich nur *ganz* gern mag. Ich muss ihn *lieben.*

Geh ein Risiko ein oder bleib für immer auf deinen Träumen sitzen.

Herb Brooks

9

Anlegen! Feuer frei! Zielen!

Ich las den Satz, den ich gerade mit schwarzem Kugelschreiber auf Emmas Serviette geschrieben hatte. Es war der erste Schultag, und ich kam so langsam wieder in Schwung. Auch im Sommer hatte ich ab und zu die Gelegenheit gehabt, Emma eine Serviette mitzugeben. Ich nutzte jede Möglichkeit, die sich bot. Manchmal fuhr sie zum Tagescamp, wo sie ihr Essen selbst mitbringen musste. Wenn sie zu ihrem Softballtraining ging, klebte ich ihr eine Serviette auf die Wasserflasche oder schmuggelte eine in ihren Rucksack. Aber das war nicht dasselbe wie der Schulalltag mit seiner überschaubaren Routine.

Emma kam in die siebte Klasse. Ich konnte kaum fassen, wie schnell sie erwachsen wurde. Die Botschaft, die ich ihr an diesem Morgen aufgeschrieben hatte, war im Grunde an mich gerichtet. Dass ich einem Kampf lieber ausgewichen wäre, fühlte sich ungewohnt an. Meine Devise lautet in aller Regel: Action! Ich bin ein Macher. Und so habe ich immer gehandelt, ganz gleich, ob es darum ging, Lissa zu gewinnen, den nächsten Karriereschritt zu planen oder dafür zu sorgen, dass meine Tochter eine gute Ausbildung und gesundes Essen bekam. Ich vertausche sogar die Reihenfolge des Schießbefehls »Anlegen! Zielen! Feuer frei!«, weil ich finde, dass wir viel zu viel Zeit mit dem Zielen verbringen. Wir wollen immer sicher sein, dass das Ziel genau vor uns liegt. Aber vielleicht müssen wir häufig einfach nur handeln.

Ich habe mein ganzes Leben lang nach Chancen und offenen Türen Ausschau gehalten. Ich sage oft Ja zu etwas, zu dem ich eigentlich nicht Ja sagen sollte. Aber wenn man immer Nein sagt, verpasst man viele Chancen. Ich habe erstaunliche Dinge erlebt, die nicht geplant waren, sondern nur passiert sind, weil ich offen für ein Ja war.

Auf meinen Umgang mit dem Krebs traf das auch zu. Alle meine Ärzte wussten, dass ich mir die aggressivste Behandlung wünschte. Sie sollten immer nach neuen Methoden suchen, die eventuell funktionieren würden. Wenn ein Arzt auch nur eine Spur Passivität durchscheinen ließ, suchte ich mir einen anderen. Ich brauchte einen Krieger, der mich in die Schlacht führte und ermutigte, das Kommando zu übernehmen.

Hin und wieder brachte mich diese Einstellung aber auch in Schwierigkeiten. An einen Fall erinnere ich mich besonders gut.

Ich rate meinen Mitarbeitern stets, sich für höhere Posten zu bewerben, auch wenn sie mit ihrer derzeitigen Arbeitsstelle zufrieden sind. Bewerbungsgespräche kann man üben. Man kommt nur voran, wenn man sich der Situation stellt, und das tut man, indem man sich um eine Stelle bewirbt oder zumindest positiv reagiert, wenn jemand Interesse bekundet. Wann immer ein Personalverantwortlicher mich fragte, ob ich einen neuen Job suchte, sagte ich: »Nein, aber ich höre Ihnen zu.« In anderen Worten: Ich bin offen für Gelegenheiten, die des Weges kommen.

Kurz nach Emmas Geburt fing ich an, mich nach anderen Arbeitsstellen umzusehen. Wie es das Glück wollte, gab es eine freie Stelle bei Staples, einer Firma am Stadtrand von Boston. Ich hatte schon immer gehofft, eines Tages in die Gegend um Boston zurückkehren zu können. Ich liebte Lissa und unser Leben in Richmond, aber meine Verwandten waren weit weg, und ich hatte nie angenommen, dass wir uns auf Dauer dort niederlassen würden. Ob Lissa damit einverstanden wäre, dass ich unsere kleine Familie entwurzelte und nach Neuengland verpflanzte, wusste ich nicht, aber mir lag viel an diesem Bewerbungsgespräch. Falls mir der Job angeboten würde, konnten wir immer noch darüber diskutieren.

Mein Telefongespräch mit der Personalchefin war auf Sonntagabend angesetzt. Es dauerte mehr als anderthalb Stunden und war ein voller Erfolg. Wir unterhielten uns ausführlich über Vertriebsstrategien, über die Herausforderungen, die Circuit City und Staples zu meistern hatten, und über das Arbeitsumfeld bei Staples. Wir nahmen uns sogar die Zeit, über unsere persönliche Motivation zu sprechen. Ihr Managementstil gefiel mir ausnehmend gut.

Der Anruf am nächsten Morgen überraschte mich nicht. Die Personalabteilung fragte an, ob ich zu weiteren Gesprächen nach Boston fliegen könnte. Sie wollten mir einen Flug für den Mittwoch buchen. Am Morgen sollte ich hinfliegen, ein paar Leute aus dem Verkaufsteam treffen, mit dem Personalmanager zu Mittag essen, noch ein paar Gespräche führen und am Abend nach Richmond zurückfliegen. Ich freute mich darauf.

Am Arbeitsplatz streute ich die Information, dass ich am Mittwoch nicht im Betrieb sein würde. Wenn jemand im Anzug am Arbeitsplatz erschien, rissen meine Kollegen Witze, denn dann gingen sie davon aus, dass er an diesem Tag ein Bewerbungsgespräch hatte. Ein Anzug würde also Verdacht erregen. Mir war nicht ganz wohl dabei, einen Tag unplanmäßig freizunehmen, aber wenigstens wäre ich in Boston und meine Kollegen in Richmond.

Am Dienstag fiel mir auf, dass ein paar Leute aus meinem Team ungewöhnlich hektisch wirkten. Blaine, der Vorgesetzte meines Chefs, und mein Kollege Danny liefen geschäftig hin und her. Neugierig fragte ich einen Kollegen nach dem Grund.

»Ach, sie fliegen morgen früh nach Boston zu einem Krisentreffen mit Road Runner.«

Oje. Das erschwerte meine Reisepläne. Der Flughafen von Richmond ist nicht sehr groß, und es gibt nur wenige Flüge nach Boston. Wie sollte ich den beiden aus dem Weg gehen?

Ich musste die Details ihrer Reiseplanung in Erfahrung bringen und beschloss, Danny direkt zu fragen, was er am nächsten Tag vorhatte. Als er von dem Flug nach Boston erzählte, gestand ich ihm, dass ich ganz ähnliche Reisepläne hatte und dabei ungern Blaine in die Arme laufen würde. Danny und ich verglichen unseren Zeitplan. Zum Glück starteten unsere Flugzeuge im Abstand von zwanzig Minuten, und die Gates waren so weit voneinander entfernt, dass wir uns vermutlich nicht begegnen würden.

Am Abend waren wir allerdings auf denselben Rückflug gebucht. Ich war auf einmal sehr nervös. Was für ein Desaster!

Mittwoch früh machte ich mich auf den Weg zum Flugplatz. Blaine und Danny sah ich dort nicht, aber auch das Innere meines Flugzeugs bekam ich nicht zu sehen. Mein Flug hatte Verspätung … erst eine halbe Stunde, dann noch eine … und noch eine. Ich rief bei Staples an, und meine Termine wurden verlegt. Als ich endlich in Boston gelandet war, wartete ein Shuttle-Bus auf mich, der mich nach Framington brachte. Es war schon so spät, dass ich die Vormittagsgespräche verpasst hatte. Mein Begleiter brachte mich zu einer Cafeteria, wo ich einen Imbiss hinunterschlang. Dann konnte es losgehen.

Auf dem Weg zu dem ersten Gespräch beichtete ich dem Personalchef, dass ich auf dem Rückflug mit meinem Boss im Flugzeug sitzen würde, was ich unbedingt vermeiden wollte. Er versicherte mir schmunzelnd, Staples würde sich nach Kräften bemühen, mich auf einen früheren Flug umzubuchen.

Die Bewerbungsgespräche liefen sogar noch besser als das Telefoninterview. Ich war mir ziemlich sicher, dass ich den Job wollte und würde nur Lissa davon überzeugen müssen, dass die Entscheidung gut für uns war. Sie hatte mich immer gern in Boston besucht, aber noch nie einen Winter in New England verbracht. Und der Winter dort ist eine Herausforderung.

Nach den Gesprächen hetzte ich zum Flugplatz. Mein Ticket war umgebucht, und ich wartete auf den Aufruf. Aber als ich mich im Terminal umsah, traute ich meinen Augen nicht. Sämtliche Flüge an diesem Teil der Ostküste hatten Verspätung. Was war denn da los? Von New York City bis hinunter nach Virginia tobten Gewitterstürme. Alle Flüge starteten mit Verspätung, und meiner war sogar gestrichen worden! Es kam, wie es kommen musste. Ich wurde automatisch auf meinen ursprünglichen Flug umgebucht. Jetzt saß ich doch im selben Flugzeug wie Blaine und Danny. Es war nicht zu fassen! Ich hatte nur einen Gedanken: *Jetzt feuert er mich.*

Eine Weile tigerte ich durch die Abflughalle und grübelte. Was würde mein Boss davon halten, wenn er mich hier sähe? Gekündigt zu werden konnte ich mir nicht leisten! Ich hatte ein kleines Baby zu Hause! Warum hatte ich mich überhaupt um diese neue Stelle beworben? Warum suchte ich immer nach etwas Besserem? Warum hatte ich auch diesmal wieder Ja gesagt? Mit der Zeit steigerte ich mich immer mehr in meine Selbstvorwürfe hinein.

Dann kam mir die Idee, Lissa anzurufen. Ich entschuldigte mich bei ihr dafür, dass ich uns in diese unselige Situation gebracht hatte, und fragte sie um Rat. Während sie beruhigend auf mich einredete und mir beteuerte, alles werde gut ausgehen, spazierten Blaine und Danny an mir vorbei. Mir blieb das Herz stehen. Aber sie gingen weiter, ohne mich zu bemerken. Das lag sicher auch an meiner Kleidung, mit der ich in der anonymen Masse der Geschäftsleute unterging. Doch aus dem Schneider war ich noch längst nicht. Spätestens am Gate würden sie mich entdecken.

Plötzlich wusste ich, was ich zu tun hatte. Ich legte auf und fuhr mit dem Pendelzug in die Bostoner Innenstadt. Dort kaufte ich mir in einem Sportgeschäft Shorts, Sneaker, ein Baseballcap und ein T-Shirt der Patriots. Ich stopfte meinen Anzug in die Einkaufstüte und fuhr zum Flugplatz zurück. Dann besorgte ich mir den *Boston Globe*, eine großformatige Zeitung, hinter der ich mich mühelos verstecken konnte. Falls sie mich erwischten, trug ich Freizeitklamotten und konnte behaupten, aus privaten Gründen in Boston gewesen zu sein.

Ich zwang mich, scheinbar in den *Boston Globe* vertieft, ruhig auf meinem Platz zu sitzen, doch durch meinen Kopf schwirrten die Gedanken. Ein wenig Zuspruch würde mir guttun. Ich ging zum Check-in und erzählte den beiden Mitarbeitern meine Geschichte. Sie amüsierten sich köstlich über meine heikle Lage. Einer der beiden sagte grinsend: »Sie haben sich bestimmt krankgemeldet, damit Sie herfliegen konnten, was? Das kostet Sie Ihren Job!« Sie nahmen die Sache von der humorvollen Seite. Mir war allerdings gar nicht nach Scherzen zumute.

Schließlich hörten sie auf zu lachen, und einer fragte: »Warum erzählen Sie uns das?« Weil ich Hilfe brauche, antwortete ich. Ich hätte da eine Idee: Könnten sie mich nicht wie einen Passagier behandeln, der beim Boarding spezielle Hilfestellung bräuchte? Ich hatte einen Platz in der letzten Reihe, und wenn ich zuerst an Bord ging, konnte ich mich dort verkriechen und unerkannt bleiben. Ich würde als Erster boarden und als Letzter aussteigen. Wenn die beiden jungen Männer mir halfen, konnte ich es unbemerkt nach Hause schaffen.

Sie waren einverstanden. Einer ließ sogar durchblicken, er werde die Tür zur Gangway öffnen und mich durchwinken, bevor die anderen Passagiere mit eingeschränkter Mobilität aufgerufen würden. Endlich in Sicherheit!

Ich setzte mich wieder hin und wartete. Die beiden Männer an der Abfertigung warfen ab und zu amüsierte Blicke in meine Richtung. Als ich das nächste Mal aufblickte, winkten sie mich zu sich. Ich stand auf und sah mich misstrauisch um. Blaine und Danny waren nicht in Sicht. Ich ging zum Check-in.

»Okay, Mr. Callaghan«, sagte der eine Mitarbeiter. »Ihr Plan ist gut. Sie können das Flugzeug als Erster betreten und als Letzter verlassen, oder Sie können als Letzter an Bord gehen und bei der Landung als Erster aussteigen.« Ich verstand nicht ganz, was er damit meinte, bis er mir ein First-Class-Upgrade entgegenhielt. Sie hatten mich auf Platz 1B umgebucht. So konnte ich als Letzter boarden, lange nachdem Blaine und Danny auf ihren Sitzen saßen. Sofort nach der Landung würde ich loslaufen und lange vor ihnen den Flugplatz verlassen haben. Was für ein Geschenk!

Jetzt wartete ich schon über zwei Stunden. Ich hatte die Zeitung von vorn bis hinten durchgelesen, aber Blaine und Danny waren nicht aufgetaucht. Wahrscheinlich holten sie sich etwas zu essen. Die beiden Männer am Check-in kicherten immer noch ab und zu. Dann winkte mich einer erneut zu sich. *Was war denn jetzt schon wieder los?*

Ein paar Flüge hätten immer noch Verspätung, erklärte der Mitarbeiter, und manche seien ganz ausgefallen. Wollte er mir schonend beibringen, dass ich es heute nicht bis nach Hause schaffen würde? Nein, er wollte wissen, wie mein Boss hieß. Ich setzte zu einer umständlichen Erläuterung an, dass Blaine eigentlich der Vorgesetzte meines Chefs sei, aber so genau wollte er es gar nicht wissen. Ich nannte ihm den Namen. Seine Finger huschten über die Tastatur. Der Kollege beugte sich zum Bildschirm vor. »Was machst du da?« Der Mann tippte weiter. »Das Wetter spielt leider immer noch verrückt«, antwortete er leise, »und Ihr Chef hat Pech. Er fliegt heute nicht.« War das denn die Möglichkeit? Zuerst gaben sie mir ein Erste-Klasse-Ticket, und dann strichen sie Blaine mir zuliebe auch noch von der Passagierliste. Was für ein Tag!

Ich gelangte ohne weitere Komplikationen nach Hause.

Ein paar Tage später wurde mir die Stelle angeboten. Obwohl sie mir gefiel, nahm ich sie nicht an, denn meiner Familie war der Umzug nicht zuzumuten. Soviel ich weiß, hat Blaine nie etwas von meinem Bewerbungsgespräch erfahren. Ich habe es ihm nie gebeichtet, weil ich fürchtete, er würde das Groteske an der Situation nicht zu schätzen wissen.

Das T-Shirt der Patriots habe ich immer noch. Es war mein erstes »Glücksshirt«.

Nutze Stolpersteine als Sprungbretter.

Unbekannt

Heute muss ich schmunzeln, wenn ich mich an den Moment erinnere, in dem ich ernsthaft glaubte, ich hätte alles verkorkst und meinen Job verloren. Damals konnte ich meine auf Action, Zielstrebigkeit und Kampfgeist ausgerichtete Persönlichkeit noch nicht als Pluspunkt betrachten. Im Gegenteil, sie erschien mir wie eine Bürde. Trotzdem war alles gut gegangen. So wie immer. Warum half mir diese Erfahrung jetzt so wenig? Warum konnte ich mich nicht daran erinnern, wie viel Glück ich im Leben gehabt hatte? Und darauf vertrauen, dass es eine Zukunft für mich gab und dass eine der Behandlungsmethoden wirken würde?

Ein paar Tage später musste ich wieder zum Arzt. Leider sollte sich herausstellen, dass es beim Krebs nicht ganz so klar war, welche Strategien man am besten gegen ihn verfolgte.

Lektion 31

Nimm keine Drogen

Drogen sind definitiv tabu. Es gibt genügend legale Substanzen (Luft, Wasser und Nahrung gar nicht eingerechnet), die du deinem Körper zuführen kannst, um deine Wahrnehmung der Wirklichkeit zu optimieren. Du musst es nicht mit illegalen Substanzen versuchen. Das ist gefährlich. Zugegeben, die meisten Drogen bringen dich nicht gleich um, aber für ein kluges, selbstbewusstes, anmutiges und wunderbares Mädchen wie dich gibt es keinen Grund, Drogen auszuprobieren. Sie machen dich auf keinen Fall noch wunderbarer. Du solltest dich von ihnen fernhalten und auch niemandem erlauben, welche zu nehmen.

Dein Leben wird von deinen Entscheidungen bestimmt. Entscheide dich mit Bedacht. Ich habe keine spannende Geschichte dazu parat. Das ist einfach ein gut gemeinter väterlicher Rat.

Bitte nicht um ein leichtes Leben,
bitte um die Stärke, ein schweres zu ertragen.

Bruce Lee

10

Aktive Überwachung

Einige Wochen nach meiner Prostatadiagnose stolperte ich über das Zitat von Bruce Lee und hob es auf. An diesem Morgen wurde mir klar, dass es die ganze Familie betraf. Wir brauchten Kraft und eine Perspektive, damit wir die schwere Zeit mit Anstand und Würde überstehen und eine intakte Familie bleiben konnten.

Es war höchste Zeit für einen Plan. Mitte September, wenige Wochen nach meiner Diagnose, fuhr ich in die Klinik, um mich mit Spezialisten zu beraten. Dr. Bradford zufolge gab es fünf Optionen für die Behandlung.

Die erste – eine Hormontherapie – schlossen wir sofort aus, weil ich zu jung war.

Die beiden nächsten, die mit Bestrahlungen verbunden waren, besprach ich gründlich mit einer Spezialistin für Strahlentherapie. Es beunruhigte sie, dass ich in so jungen Jahren schon an Nierenkrebs *und* Prostatakrebs erkrankt war (*Das geht mir auch nicht anders,* dachte ich), fragte mich nach meiner Familie und bekannten Risikofaktoren. Ich beschrieb ihr, wie ich aufgewachsen war, und gestand sogar, dass ich einmal ein Thermometer zerbrochen und mit dem Quecksilber gespielt hatte. Doch das stufte sie nicht als Risikofaktor ein. Dagegen interessierte es sie, dass ich als Austauschschüler eine Zeit lang in Deutschland gelebt hatte. Am 26. April 1986 hatte sich in Tschernobyl eine Nuklearkatastrophe ereignet, bei der eine Menge Strahlung freigesetzt worden war. Ich erinnerte mich, dass sich in dieser Zeit viele Deutsche fragten, wie stark ihr Obst und Gemüse verstrahlt war. Kurz nach dem Unglück war ich in einen Regenguss geraten, und meine Gastfamilie hatte mir förmlich die Kleider vom Leib gerissen und mich unter die Dusche geschoben. Die Ärztin machte sich Notizen, aber ob dies für die Behandlung relevant war, wusste sie nicht.

Am Ende beschloss ich, ohne Umschweife zur Sache zu kommen, und fragte sie: »Stimmt mit mir etwas nicht?«

Die Ärztin schlug die Akte zu und seufzte: »Ja, sehr wahrscheinlich.« Irgendetwas machte mich für diese beiden Krebsarten anfällig, aber mehr konnte sie dazu nicht sagen. Sie drängte mich, wachsam zu sein und auf mögliche Symptome für Blasen- und Hodenkrebs zu achten. Schließlich flehte sie mich geradezu an, mich so schnell wie möglich operieren zu lassen.

Ein chirurgischer Eingriff war die vierte Option. Ich konnte eine Prostatektomie vornehmen, das heißt die Prostata vollständig entfernen lassen. Es bestand die Hoffnung, dass damit alle Krebszellen – und auch die gesunden Zellen – herausgeschnitten würden. Bei diesem Eingriff wurde die gesamte Drüse entfernt.

Diese Maßnahme wurde mir als die praktikabelste Lösung präsentiert. Doch als ich meinen Arzt immer weiter mit Fragen bombardierte, ging mir auf, dass er die massiven, sehr belastenden Nebenwirkungen beschönigte. Ärzte verschweigen gern bestimmte Folgen, die für Männer *sehr* belastend sind.

Wenn ich mich für eine Prostatektomie entschied, musste ich mit einer ganzen Reihe von Konsequenzen rechnen:

- Nervenschädigungen, die zum Verlust der Erektionsfähigkeit führen.
- Harninkontinenz.
- Orgasmusstörungen und ausbleibender Samenerguss (die Prostata produziert keine Samenflüssigkeit mehr).
- Penisverkürzung, weil bei der OP ein Stück Harnröhre abgetrennt wird. Manche Männer sagen, dass sie das als sehr negativ empfinden.

Sollte ich mich wirklich mit dreiundvierzig auf so etwas einlassen? Das Durchschnittsalter für die Diagnose Prostatakrebs ist neunundsechzig. Mit fast siebzig sind die genannten Nebenwirkungen zwar bedauerlich, aber wahrscheinlich nimmt man sie dann eher in Kauf, wenn man das Krebswachstum aufhalten will. Vielleicht hat man sie sogar durch den Alterungsprozess bereits kennengelernt. Aber für mich galt das nicht. Ich wollte natürlich den Krebs loswerden, aber um den Preis eines Lebens ohne Sex? Dazu war ich nicht bereit.

Es gab noch eine letzte Option. Dr. Bradford glaubte, dass man in den USA bei Prostatakrebs generell zu einer Überbehandlung neigte. In meinem Fall riet er zur »aktiven Überwachung«. Wir würden alle zwei Monate eine PSA-Bestimmung und nach etwa einem Jahr eine Kontrollbiopsie durchführen. Theoretisch konnten wir so weitermachen, bis sich die PSA-Werte dramatisch erhöhten oder die Biopsie einen positiven Befund erbrachte. Ich freute mich zwar nicht gerade auf eine jährliche Biopsie, aber insgesamt kam mir die Vorgehensweise akzeptabel vor.

Die Frage war: Konnte ich damit leben, dass sich in meinem Körper Krebszellen heimisch fühlten? Konnte ich das Risiko eingehen? Wie würde es mein geistiges, emotionales und spirituelles Wohlbefinden beeinflussen? Was, wenn der Tumor unkontrolliert wuchs und wir ihn nicht rechtzeitig aufspürten? Würde ich es mir dann verzeihen, dass ich nicht aggressiver vorgegangen war und nicht alles unternommen hatte, um noch lange für Emma da zu sein? Ich hatte ein Jahr zuvor eine große Operation hinter mich gebracht, um den Nierenkrebs loszuwerden. Es kam mir falsch vor, diese neue Krebsart gewähren zu lassen. Mir war, als ginge ich der Auseinandersetzung aus dem Weg.

Lissa und ich hatten genügend Zeit, über die verschiedenen Möglichkeiten nachzudenken. Wir wussten rasch, dass für uns nur eine Operation oder die aktive Überwachung infrage kamen. Letzten Endes gaben die Nebenwirkungen den Ausschlag, die ich in meinem Alter nicht in Kauf nehmen wollte. Wir waren uns zwar einig, dass wir keine Kinder mehr wollten, aber ich konnte mir beim besten Willen nicht vorstellen, auf einige, wenn nicht gar alle Aspekte einer erfüllten Sexualität zu verzichten. Das war völlig unvorstellbar.

Trotz all meiner Bedenken entschieden wir uns für die aktive Überwachung. Ich würde jeden Tag mit Krebszellen im Leib herumlaufen. Ich würde wissen, dass eine Zeitbombe in meinem Körper tickte, die womöglich irgendwann explodierte und mich umbrachte. Den Nierenkrebs hatte ich mit allen nur denkbaren Waffen bekämpft. Vor dem Prostatakrebs schwenkte ich die weiße Flagge – so kam es mir wenigstens vor.

Der Krebs hatte nicht gewonnen, aber über ein Unentschieden war ich nicht hinausgekommen.

Leg das Handy mal zur Seite

Ich weiß, das Smartphone ist dein neues Spielzeug. Ja, es verbindet dich mit deinen Freunden und Angehörigen. Aber es ist nur ein Gegenstand. Und du musst nicht den ganzen Tag vernetzt sein. Gönn dir eine Pause. Sei du selbst. Gib deinen Gedanken Raum.

Wenn du mit einem anderen Menschen zusammen bist, sei für ihn da. Schenk ihm deine ungeteilte Aufmerksamkeit. Hör ihm zu. Leg das Handy mal zur Seite. Wenn du mit ausgeschaltetem Telefon zwei Stunden im Kino sitzen kannst, wirst du während eines Abendessens mit der Familie auch so höflich sein können.

Liebe Emma,
es ist okay, um Hilfe zu bitten. Das meine
ich ganz ehrlich. Ich bin für dich da.
In Liebe, dein Dad

11

Acht magische Worte

Rachel Macy Stafford, in den USA auch bekannt als »Hands Free Mama«, lernte ich durch einen Blogpost kennen. Ihr Erziehungsstil gefiel mir auf Anhieb.

Die Pädagogin und Autorin hatte auf der Basis von Interviews einen Artikel über erfolgreiche College-Sportstipendiaten geschrieben. Die Studenten sollten angeben, welche Ermutigung und welcher Rat ihrer Eltern ihnen am meisten geholfen hatte. Das Ergebnis war der Satz: »Ich sehe dir gern beim Spielen zu.« Rachel probierte diese Worte an ihren eigenen Kindern aus und stellte fest, dass sie umgehend Druck von ihnen nahmen. Sie kritisierte nicht und lieferte kein Feedback. Ihr Satz hob nur einfach hervor, wie viel Freude es ihr bereitete, wenn sie ihren Kindern beim Sport oder beim Üben auf ihren Musik-instrumenten zusah.

Ihr Blogpost berührte mich tief. Ich begann, den Satz zu ver-wenden, sooft sich die Gelegenheit dazu ergab. Emma spielt Softball. Bei ihren Spielen auf der Tribüne zu sitzen und zu be-obachten, wie sie sich mit ihren Teamkollegen ins Zeug legt, macht mir mehr Freude, als ich je für möglich gehalten hätte. Heute bedeutet es mir noch mehr als früher, denn seit meiner Krebsdiagnose hat der Besuch ihrer Spiele einen tieferen Sinn bekommen. Es geht nicht mehr nur um die Freude am Zu-schauen. Mit meiner Anwesenheit demonstriere ich ihr meine Unterstützung. Ich kann ihr zeigen, dass ich immer für sie da bin. Solange ich lebe.

Eines Abends fuhr Emma zu einer Freundin aus ihrem Soft-ballteam, um bei ihr zu übernachten. Außerhalb der Saison sahen sich die Mädchen nicht oft, und sie wollten die Verbin-dung nicht abreißen lassen. Ich freute mich für sie. Emmas Team besteht aus sehr talentierten Mädchen, die dazu auch noch die fairsten Spielerinnen ihrer Liga sind. Wenn sie auf dem Spielfeld sind, bekommen automatisch alle gute Laune, selbst die Zuschauer.

Uns war bekannt, dass die Freundin Haustiere hatte, und uns war auch bewusst, dass bei Emma gelegentlich allergische Reaktionen auf Tierhaar auftraten. Trotzdem wollten wir das Risiko eingehen. Doch als Emma schon am frühen Abend

Beschwerden bekam, waren wir uns alle einig, dass es besser wäre, sie nach Hause zu holen.

Ich verließ unser Haus um zehn Uhr abends. Es war ein langer Tag gewesen, und ich war müde. Normalerweise gehe ich um die Zeit schlafen. Meine Nachtruhe ist mir wichtig, aber nicht so wichtig wie meine Tochter. Also fuhr ich eine knappe halbe Stunde durch die Dunkelheit ohne einen Gedanken in meinem schläfrigen Kopf.

Emma kam heraus, sprang ins Auto, und ich fragte sie, wie es ihr ginge.

»Ich hätte es nie die ganze Nacht da ausgehalten«, sagte sie. »Danke, dass du mich abgeholt hast.«

Ich sah sie an und sagte nur: »Ich verspreche, ich werde dich immer überall abholen.« Sie nickte leicht zerstreut, und ich wiederholte: »Ich verspreche, ich werde dich immer überall abholen.« Daraufhin sprach sie mir den Satz nach, weil sie dachte, sie müsse mir beweisen, dass sie zugehört hatte.

Ich wusste, dass sie mich gehört hatte, aber ich wollte sichergehen, dass sie mich auch richtig *verstanden* hatte, und sagte die acht Worte noch einmal: »Ich verspreche, ich werde dich immer überall abholen.«

Ich hielt ihre Hand und wartete, bis der Sinn der Worte bei ihr angekommen war. Nach einer Weile lächelte sie und nickte.

Dann zählte ich ein paar Situationen auf, die dazu führen konnten, dass ich sie abholen musste: eine Reifenpanne, ein verkorkstes Date, Heimweh, ein Freund, der zu viel getrunken hatte und sich nicht hinters Steuer setzen konnte …

»Ich werde dich immer überall abholen. Ich bin dein Dad, ich bin für dich da. Ruf mich an, ich stelle keine Fragen, jedenfalls nicht, bis du sicher zu Hause gelandet bist. Ich werde mich nie weigern.«

Als ich dies damals zu Emma sagte, dachte ich dabei in erster Linie an meine Tochter. Inzwischen habe ich erkannt, dass der Satz »Ich verspreche, ich werde dich immer überall abholen« ziemlich genau das beschreibt, was Gott für uns empfinden muss.

Ich bin in einer irisch-katholischen Familie aufgewachsen und seit jeher katholisch, was bedeutete, dass die meisten Feste an religiösen Feiertagen stattfanden. Dazu gehörten gewöhnlich ausgedehnte Binokel-Turniere und diverse Drinks mit Rye-Whiskey. Die Zettel mit den Ergebnissen wurden von Mal zu Mal aufbewahrt, weil der ausgiebige Konsum von Rye-Whiskey nicht selten die Erinnerung an frühere Spiele trübte. An Rye habe ich nie Geschmack gefunden, aber beim Binokel und bei religiösen Diskussionen kann ich ohne Schwierigkeiten mithalten.

Port Leyden ist ein Dorf, aber es hat fünf Kirchen. Meine ersten religiösen Erinnerungen sind untrennbar mit Schwester Mary Agnes und ihrem Religionsunterricht verbunden. Mary Agnes war eine robuste Nonne, die sich kein X für ein U vormachen ließ. Wenn wir unsere Gebete und Bibelverse ordentlich lernten, klebte sie ein silbernes Sternchen in unser Katechismusheft. Wenn nicht, schlug sie uns mit dem Lineal auf den Handrücken, oder wir mussten den betreffenden Text unzählige Male laut aufsagen. Der Religionsunterricht bei Schwester Mary Agnes war überhaupt nicht zu vergleichen mit den Bibelcamps im Sommer, bei denen getöpfert, gesungen und dünner Kinderpunsch getrunken wurde!

Zwei Jahre nach meiner Erstkommunion wurde ich Ministrant. Wir waren an die zwölf Jungen, die dem Priester assistierten. Ich war gerne mit dabei, aber besonders fromm war ich nicht. Die Verrichtungen in der Kirche fühlten sich banal und ziemlich belanglos an. Das änderte sich erst, als Father Mulvaney in unsere Gemeinde versetzt worden war.

Father Mulvaney verkörperte den Glauben. Jedes Wort, das er sprach, kam von Herzen. Er liebte Gott und machte es sich zur Aufgabe, anderen von dieser Liebe zu berichten. Zu seinen persönlichen Aufgaben gehörte es, den Ministranten den Sinn bestimmter Handlungen während der Messe zu erläutern. Meine Rolle füllte sich mit einer neuen Bedeutung.

Als die Firmung näher rückte, musste ich mir einen Firmnamen aussuchen. Ich wählte Andrew, aber nicht wegen des heiligen Andreas, Schutzpatron der Fischer und Seilmacher, sondern weil Father Andrew Mulvaney einen so großen Einfluss auf mich ausübte. Mein Glaube wurde immer stärker. Ich schloss mich der Musikgruppe an und wurde Kommunion-helfer.

Doch bei alledem hinderte mich meine Sturheit immer noch daran, an ein direktes Einwirken Gottes auf meinen All-tag zu glauben. Nein, ich verfügte über einen freien Willen und hatte mein Schicksal selbst in der Hand. Mein innerer Wider-stand hatte unter anderem damit zu tun, dass ich mich schwach fühlte. Ich machte Fehler. Ich fällte die falschen Urteile. Ich tat nicht immer das Richtige und war nicht immer ein guter Mensch. Ich war sehr selbstsüchtig, besonders im Hinblick auf meine Zeiteinteilung. Von Gott schien kein Widerspruch zu kommen, aber ich sperrte die Ohren auch nicht gerade auf. Mit der Zeit nahm ich immer seltener an Gottesdiensten teil, und an manchen Sonntagen drückte ich mich sogar ganz. Zuletzt konnte ich mich nicht mal mehr als Taufscheinkatholik be-zeichnen.

Als junger Erwachsener witzelte ich oft, ich hätte als Firm-namen lieber Thomas wählen sollen – nach dem Zweifler. Ich bemühte mich, meiner Familie ein gutes Beispiel zu geben, aber es fiel mir nicht leicht. Emma wurde erst mit zehn getauft und gefirmt. Wir nahmen in dieser Zeit an einem Kurs für Familien teil, die sich gemeinsam mit religiösen Fragen be-schäftigen wollten, und gingen gelegentlich wieder zur Messe.

Als bei mir Krebs diagnostiziert wurde, bat ich meine Kir-chengemeinde, mich in die Fürbittenliste aufzunehmen. Leider erfuhren auf diese Weise auch viele meiner Freunde und Bekannten von meiner Krankheit. Als die Fürbitten gesprochen und mein Name dabei genannt wurde, hörte ich, wie ein Raunen durch die Gemeinde ging.

Vor meiner ersten Operation bat ich den Gemeindepfarrer, mir die Krankensalbung zu erteilen. Ich hatte dieses Sakrament noch nie erhalten und war sehr bewegt, als der Priester mich salbte und Gebete für mich sprach. Ich wollte Gottes Gegenwart spüren und sicher sein, dass er auf mich aufpasste, aber ich hatte so meine Zweifel. Eines allerdings fiel mir auf, als Father Dan mit Gott sprach: Er betete nicht nur für mich und meine Heilung, sondern auch für die Chirurgen – dass sie von Gott geführt würden und ihre Sache gut machten.

Dieser Zusatz hinterließ einen großen Eindruck bei mir. Es tat gut zu wissen, dass die Gebete vor der Operation nicht nur mir und meiner Heilung galten, sondern auch den vielen Ärzten und Schwestern, die mich behandelten und versorgten. Vermutlich glaubte ich damals, dass Gott mich mit ihrer Hilfe leichter heilen konnte als auf sich allein gestellt.

Glücklicherweise war das Krankenhaus, in dem ich operiert wurde, konfessionell ausgerichtet, und die Mitarbeiter durften, wenn sie wollten, einen Button mit der Aufschrift »Ich bete« tragen. Ich fand es sehr tröstlich, dass ich von Pflegern und Ärzten versorgt wurde, die genau wie ich ihr Vertrauen in Gott setzten.

Als ich mich nach der Operation zu Hause er-
holte und nicht an der Messe teilnehmen konnte,
brachten mir großzügige Menschen die hei-
lige Kommunion ins Haus. Doch sobald
es mir besser ging und ich wieder ins
Arbeitsleben integriert war, blieb
ich der Kirche immer häufiger
wieder fern.

Mit der zweiten Krebsdiagnose
änderte sich etwas. Kaum war
ich allein, überfiel mich die Wut.
Um ehrlich zu sein, spürte ich die Wut
schon seit der ersten Diagnose wie einen
Klumpen in mir – eine Wut, deren Wurzel die
Angst war. Die Zukunft meiner Familie stand auf
dem Spiel. Ich hatte noch nicht herausgefunden, wie
ich den Kampf gegen die Krankheit führen sollte. Ich
wusste zu wenig darüber. Und ich brauchte jemanden, dem
ich die Schuld zuschieben konnte.

Bei der zweiten Diagnose schoss die Wut an die Oberfläche
und brach aus mir heraus. Ich versuchte, mit Gott zu feilschen:
Emma sollte nicht ohne Vater aufwachsen. Ohne mich. Ich
würde alles tun, alles opfern, um das zu verhindern. Merkwür-
digerweise glaubte ich nämlich trotz der in mir brodelnden

*Wer suchet,
der findet.
Matthäus 7,8*

Wut weiterhin an Gott. Ich war mir sicher, dass er existierte, aber ich hasste ihn, weil er mir so etwas zumutete. Ich hasste ihn, wenn ich an Emma dachte.

Wie konnte er mir das antun? Wie konnte er es zulassen?

Da ich wusste, dass unser Gemeindepfarrer Father Dan kürzlich Prostatakrebs gehabt hatte, entschloss ich mich, mit ihm über seine Erfahrung zu sprechen. Ich hoffte, er würde mir eine positive Perspektive bieten können. Allerdings wusste er, dass meine Familie nicht gerade häufig in der Kirche anzutreffen war, und das machte mich ein bisschen nervös.

Eines Tages saß ich in seinem lichtdurchfluteten Büro. Bisher hatte ich noch nie unter vier Augen mit ihm gesprochen. Er fragte, wie wir als Familie mit der Situation klar kamen. Der Glaube als solcher kam praktisch gar nicht zur Sprache. Schließlich wollte er wissen: »Sind Sie wütend auf Gott?«

Ich starrte meine Hände an. Wie konnte er mich so etwas fragen? Wenn ich verneinte, wusste er, dass ich log. Wenn ich Ja sagte, war das Blasphemie. Ich konnte nur verlieren.

Er merkte, dass ich mit mir kämpfte. Ich rutschte auf meinem Stuhl herum, und gerade als ich mich zum Lügen durchgerungen hatte, unterbrach er meine Gedankengänge. »Es ist in Ordnung, wenn Sie wütend sind. Gott hat ein breites Kreuz. Er kann das schultern.«

Da brach ein Damm in mir, und die Tränen rollten mir übers Gesicht. Ich war unendlich dankbar, dass mir erlaubt war zu fühlen, was ich fühlte. Dass jemand wie Father Dan mir sagte: Es ist okay.

Wie angestrengt hatte ich versucht, alles im Griff zu behalten! Meine Gefühle. Meine Ängste. Meine Familie. Meine Gesundheit.

Ich hatte mich für meine Wut geschämt und Gott aus diesem Grund nichts von meiner Bürde abgegeben. Ich hatte sie ganz allein geschultert. Und drohte unter ihr zusammenzubrechen.

Nun erhielt ich die Erlaubnis, mit Gott zu hadern, und wurde zudem daran erinnert, dass Gott uns genauso liebt, wie ich Emma liebe – unabhängig von dem, was sie tut. Nichts, was sie tut, wird je etwas daran ändern. Die dunklen Zeiten in unserem Leben stellen sich nicht ein, weil Gott uns verlassen hat, sondern weil wir uns von ihm abgewandt haben.

Und die Freude, die er empfindet, wenn wir uns ihm wieder zuwenden, ist im Grunde unvorstellbar.

Dinge sind nur Dinge

Du solltest Menschen lieben. Du kannst auch deine Haustiere lieben. Du kannst Erfahrungen lieben, die du mit anderen Menschen machst. Dinge solltest du nicht lieben. Gegenstände kann man ersetzen oder reparieren, wenn sie kaputtgehen. Menschen nicht.

Letztes Jahr hatten wir einen finanziellen Engpass. Auf dem Schreibtisch stapelten sich die Arztrechnungen. Bei mir war zweimal Krebs festgestellt worden, und ein Ende der Probleme war nicht in Sicht. Ich wusste nicht, ob ich die Hypothek für unser Haus würde abbezahlen können. Da sah ich mich in meinem Arbeitszimmer um und entdeckte viele Dinge. Manche waren mir sehr teuer und ihr Besitz bedeutete mir viel. Ich sah Limited-Edition-Star-Wars-Figuren (darunter eine, von denen es nur zweihundertfünfzig gab), meine tragbare Spielkonsole, für die ich mich am Release-Datum in die Schlange gestellt hatte, meinen Laptop und mein Tablet. Ich verkaufte sie alle. Ich zögerte keine Sekunde. Dinge sind eben nur Dinge.

Die beiden wichtigsten Tage in deinem Leben sind der Tag, an dem du geboren bist, und der Tag, an dem du herausfindest, warum.

Mark Twain

12

Der Ruf

Seit ich gesehen hatte, dass Emma meine Botschaften sammelte, dachte ich darüber nach, ob ich meine Idee nicht in einigen meiner sozialen Netzwerke verbreiten sollte. Vielleicht konnte ich ja anderen Eltern vermitteln, wie leicht es war, selbst in der Hektik des Alltags immer wieder Momente der Nähe zu ihren Kindern zu schaffen, und wie viel die kleine Geste jemandem wie Emma zu bedeuten schien. Aber ich zögerte noch. Eigentlich war meine Idee gar nicht so außergewöhnlich. Viele Eltern schrieben ihren Kindern etwas auf die Serviette, die sie ihrer Lunchbox beilegten.

Andererseits wollte ich vor allem Väter dazu ermutigen, ihren Kindern das Schulessen zuzubereiten und eine persönliche

Nachricht mitzugeben. Serviettenbriefchen verbanden mich mit meiner Tochter. Anderen Vätern gefiel diese Idee vielleicht auch.

Seit Monaten trug ich mich mit solchen Gedanken, aber unternommen hatte ich noch nichts. Ich hatte viel zu viel mit dem Job, dem Familienleben und der Gesundheit zu tun. Und dann stand wieder Weihnachten vor der Tür. Fünf Monate zuvor hatten wir beschlossen, dass wir mit meinem Krebs »leben« würden. Schon wieder ein Weihnachtsfest, das von meiner Krankheit überschattet sein würde. Aber immerhin waren wir zusammen – dafür konnten wir dankbar sein – und feierten genau wie jedes Jahr. Nur Lissas Geschenk fiel aus dem Rahmen.

Ich hatte den imposanten und perfekt verpackten Karton unterm Weihnachtsbaum gleich entdeckt und war neugierig wie ein Kind. Was hatte sie sich dieses Jahr wohl ausgedacht? Als ich endlich an der Reihe war, kam Lissa mit dem riesigen Paket auf den Armen breit lächelnd auf mich zu.

Ich riss die Verpackung auf. Mit dem Geschenkpapier gehe ich nicht so schonend um: je höher der Papierberg am Weihnachtsmorgen, desto besser. Und dann hielt ich sie in der Hand – eine Xbox 360.

Ich war sehr gerührt. Zweierlei schoss mir in diesem Moment durch den Kopf. Es musste Lissa zum einen große Überwindung gekostet haben, in den Laden zu gehen und eine Spielkonsole zu kaufen. Sie hat nichts für technologische Spielereien übrig. Das Verkaufsgespräch über das richtige Gerät muss eine Qual für sie gewesen sein. Lissa findet die meisten Videospiele langweilig und meine Begeisterung für Unterhaltungselektronik ein bisschen anstrengend. Ich habe früher viel zu viel Zeit vor meinem PC oder der Konsole verbracht.

Und da ich das alles wusste, glaubte ich zweitens einen Moment lang tatsächlich, dass sie einen Anruf meines Arztes abgefangen hatte und darüber informiert worden war, dass ich nun nicht mehr lange zu leben hätte. Wieso sollte sie mir eine Spielkonsole schenken, wenn nicht, weil meine Tage nun endgültig gezählt waren?

Trotzdem freute ich mich natürlich maßlos. Und kaum hatte ich angefangen, »Halo« zu spielen, verschwanden meine Albträume. Sie wurden nicht seltener, sie wurden nicht weniger bedrohlich, sie verschwanden einfach. Über Nacht. Die Albträume, die mich seit über einem Jahr gequält hatten und vor denen ich oft um drei Uhr nachts aus dem Bett geflohen war, damit ich ihnen nicht länger ausgeliefert wäre, diese Träume waren auf einmal weg.

Das wunderschöne Weihnachtsfest und das Verschwinden meiner Albträume brachten mich endlich in die richtige Stimmung, ein paar von meinen Serviettenbotschaften ins Internet zu stellen. Vielleicht waren sie ja doch für irgendjemanden hilfreich. Und ich hatte dadurch ein lohnendes Projekt, auf das ich mich konzentrieren konnte. Seit zwei Jahren steckte ich im Sumpf von Krebsstatistiken, MRIs und Bluttests. Statt immer nur Schlechtes zu bekämpfen, wollte ich etwas Gutes schaffen.

Ich fing schrittweise an. Zuerst erklärte ich nicht einmal, was ich da machte. Ich postete eine Botschaft und begann den Post mit dem Kürzel 180NN: 180 war die Anzahl der Schultage pro Jahr, an denen ich Servietten für Emma beschriftete. 180 Gelegenheiten, sie zu inspirieren. »NN« stand für »Napkin Notes«. Zwei Tage nach Weihnachten postete ich also:

Wir machen uns selbst entweder
glücklich oder unglücklich.
Der Arbeitsaufwand ist der gleiche.

Carlos Castaneda

In den nächsten Wochen stellte ich sporadisch Gedanken und Zitate online. Ich dachte mir einen Slogan aus: »Pack. Write. Connect.« Das fasst zusammen, was ich den Menschen vermitteln wollte: »Pack die Lunchbox. Schreib eine Botschaft. Halte Kontakt zu deinem Kind.«

Ich hielt mich an einfache Aussagen, damit deutlich wurde, wie einfach es war, eine kleine, aber wirkungsvolle Geste zu machen.

Im Sommer erwähnten ein paar Kollegen, dass sie meine Postings regelmäßig lasen. Mit ihrem Feedback als Rückendeckung startete ich eine »offizielle« Facebook-Seite mit dem Titel »Napkin Notes«. Das erste Bild, das ich ins Netz stellte, war ein Foto der Serviette, die ich Emma am letzten Schultag geschrieben hatte:

Du selbst bist genug.
Du musst niemandem
etwas beweisen.

Maya Angelou

Dann passierte etwas Bemerkenswertes. Ich war zum Mittagessen mit einem Mann verabredet, den ich noch nie persönlich getroffen hatte. David war Recruiter, und ich wollte mit ihm über Stellenangebote reden. Irgendwann kam das Gespräch auf die Frage, was wir beide morgens tun, bevor unsere Familien aufwachen. Ich erwähnte, dass ich gewöhnlich das Lunchpaket für meine Tochter zusammenstellte und morgens häufig nach Zitaten suchte, die ich ihr auf eine Serviette schrieb. Darauf er: »Ach ja, wie bei den ›Napkin Notes‹. Die lese ich immer auf Facebook.«

Ich starrte ihn an. Wollte er mich auf den Arm nehmen? Nein. Er hatte keine Ahnung, dass ich der Typ mit den Servietten war.

Ich konnte nicht mehr an mich halten und platzte heraus: »Jetzt halten Sie sich fest. Ich bin der mit den Servietten. ›Napkin Notes‹ ist meine Facebook-Seite.«

Nun starrte er *mich* an. Er war genau wie ich der Meinung, dass es für Väter sehr wichtig ist, einen engen Kontakt zu ihren Kindern zu haben, und dass sich die Serviettenbotschaften dazu gut eignen.

Nach dem Mittagessen bat mich David, ihn zu seinem Wagen zu begleiten. Er beugte sich über den Rücksitz, griff nach einer Lunchbox und sagte: »Ich wollte nur, dass Sie es mit eigenen Augen sehen.« Dann klappte er die Box auf und zeigte mir die Serviette, die er seiner Tochter am Tag zuvor mitgegeben hatte. Darauf standen die Worte, die ich kürzlich auf Facebook gepostet hatte: »Ich liebe dich. Mach diesen Tag zu einem besonderen.«

Ich war überwältigt. Das, was ich mir erhofft hatte, war tatsächlich eingetreten. Ich hatte jemanden dazu inspiriert, seinem Kind ebenfalls Serviettenbotschaften mitzugeben. Nach diesem Erlebnis schwebte ich auf Wolke sieben.

Wie hatten sich meine und Davids Wege gekreuzt? Was war hier am Werk? Er und ich hatten uns erst beim Mittagessen kennengelernt. Unser Gespräch war sehr oberflächlich verlaufen, bis ich beiläufig erwähnte, dass ich früh aufstand, um an einem privaten Projekt zu arbeiten.

Hin und wieder hatten einige enge Freunde und Kollegen gesagt, dass Gott durch mich wirke. Ich verstand nicht so recht, was das heißen sollte. Ich schreibe nur kleine Botschaften auf Emmas Servietten und lasse andere daran teilhaben. Ich bin weder ein mustergültiger Vater noch ein perfekter Ehemann. Menschliche Schwächen sind mir ganz und gar nicht fremd. Ich handele nicht aus einer religiösen Überzeugung heraus und fühle mich ganz sicher nicht fromm oder heilig!

Meine Frau ist nicht als Katholikin erzogen worden, aber sie war für das spirituelle Leben unserer Familie eine große Stütze. Sie wusste genau, wie viele Sonntage wir nicht am Gottesdienst teilgenommen hatten. Anscheinend wollte sie mir genug Zeit lassen, selbst zu entscheiden, wann ich wieder dazu bereit war.

Ich hätte nie gedacht, dass es Emma sein würde, die uns in die Kirche zurückbrächte.

Bei ein paar Picknicks und Schulveranstaltungen, die wir zusammen besuchten, war mir aufgefallen, dass sich Emma offensichtlich zu einem Jungen aus ihrer Schule hingezogen fühlte. Es war wohl an der Zeit, dass sie sich für Jungs interessierte. Ich war nicht gerade erpicht auf diese Phase der Vaterschaft, andererseits betrachtete ein Teil von mir diese neue Seite meiner Tochter mit Rührung.

Ich wusste nicht viel über den Jungen, außer dass er einer anderen katholischen Kirchengemeinde angehörte. Als Emma betont beiläufig fragte, ob sie nicht in diese andere Kirche zum Gottesdienst gehen könne, war klar, dass sie in ihn verknallt war.

Ich lächelte und versuchte, mir nicht anmerken zu lassen, dass ich sie durchschaute. Ja, antwortete ich, wir könnten gern in die St.-Mary-Kirche zur Messe gehen.

Ich war immer noch froh über mein Gespräch mit Father Dan. Da ich wusste, dass Gott meine Wut aushalten konnte, war es mir möglich, eine Kirche zu betreten, ohne mich wie ein Heuchler zu fühlen. Ich saß auf der Bank und lauschte dem Evangelium, während Emma sich neben mir den Hals verrenkte, um ihren »Freund« ausfindig zu machen. Der Text der Lesung stammte aus Matthäus 4, Vers 12–23. Jesus geht am galiläischen Meer entlang und ruft seine Jünger von ihrem Leben und ihrer Arbeit weg. Sie folgen ohne Zögern. Ich hatte mich nie wie ein echter Jünger gefühlt. Wenn Gott mich rief, stellte ich mich immer irgendwie taub.

Doch seit ich meine Last an Gott weitergegeben hatte, fühlte ich mich viel unbeschwerter. Während der Predigt versuchte ich genau hinzuhören, ob Gott mir persönlich etwas zu sagen hatte. Wohin wollte er mich führen?

Treib dich nicht
in fremden Betten herum

Respektiere dich selbst. Respektiere den Menschen, den du liebst. Ich würde mir wünschen, dass du dich eines Tages in den Einen verliebst und dein ganzes Leben mit ihm zusammenbleibst. Ich bin sicher, das willst du auch. Sex macht Spaß, heißt es, aber dazu musst du dich und deinen Körper wertschätzen. Noch besser ist es, wenn du jemanden liebst, der dich und deinen Körper liebt und respektiert.

Ich will, dass du liebst. Ich will, dass du genug Selbstvertrauen hast, deinen Körper und deine Seele zu achten. Behalte die Kontrolle.

DRITTE RUNDE

Das Leben muss nicht perfekt sein, um wunderbar zu sein.

Annette Funicello

Ein Mensch, der nie aufgibt,
ist schwer zu schlagen.

Babe Ruth

13

Hau den Maulwurf!

Ich faltete langsam die Serviette zusammen und wischte mir
eine Träne von der Wange. Manchmal suchte ich für die Botschaften unbewusst nach Zitaten, die mir selbst halfen. Die
Tränen rollten, weil ich in der dämmrigen Morgenstunde nicht
mehr wusste, wie es weitergehen sollte.

Ich habe schon wieder Krebs.
Ich habe schon wieder Krebs.
Ich habe schon wieder Krebs.

Die Worte wirbelten durch meinen Kopf wie Tennisbälle und
prallten jedes Mal härter gegen meine Schädelknochen.

Ende September war ich zu meinem Routine-Scan gegangen, und noch am gleichen Tag war eine Biopsie durchgeführt worden. Der Scan sollte zeigen, ob ich irgendwelche »Nierenprobleme« hatte, und die Biopsie sollte klären, ob der Prostatakrebs größer geworden war. Ich hätte die Untersuchungen schon ein paar Monate früher machen lassen sollen, aber ich wollte erst alte Arztrechnungen begleichen, bevor ich neue anhäufte. Doch jetzt mussten wir schleunigst herausfinden, ob die aktive Überwachung funktionierte.

Der CT-Scan offenbarte einige »unklare« Stellen. Ich verabscheute dieses Wort. »Unklar« hieß immer nur eines – noch mehr Untersuchungen. Die Ärzte empfahlen ein MRT. Inzwischen kannte ich die Prozedur. Ich lag in der Röhre und lauschte dem Klopfen und Brummen. Am nächsten Tag rechnete ich noch nicht mit einem Anruf, denn das MRT war um acht Uhr abends durchgeführt worden. Doch um zehn Uhr rief mein Arzt an und teilte mir mit, ich hätte wieder Krebs.

»Da ist etwas an Ihrer Nebenniere«, sagte er. »Wir könnten eine Biopsie machen oder sie gleich entfernen. Sie haben zwei Nebennieren, deshalb brauchen Sie die, die befallen ist, nicht unbedingt. Da die Nebenniere so dicht neben Ihrer Niere liegt, kann man mit Sicherheit annehmen, dass es sich um den Nierenkrebs handelt, der sich ausgebreitet hat.«

Der Arzt gab mir seine Handynummer, falls ich über irgendetwas mit ihm reden wolle.

Oh cool, ich hab die Handynummern von all meinen Ärzten, dachte ich. Und dann: *So ein Mist, ich habe die Handynummern von all meinen Ärzten.*

Ich holte tief Luft. »Na, dann los. Geben Sie mir einen Termin für die OP. Wir packen es an!«

»Ich wusste, dass Sie das sagen würden, Mr. Callaghan«, antwortete der Arzt.

Ich legte auf, ließ mich gegen die Sessellehne zurücksinken und starrte an die Wand. Gerade hatte ein neues Schuljahr begonnen. Ein neuer Herbst, ein neuer Krebs.

In den Tagen davor waren wir ungewohnt guter Stimmung gewesen, fast schon euphorisch. Unser Lokalblatt hatte einen Artikel über meine Idee mit den Servietten veröffentlicht. Schon ihr Interesse hatte mich sehr berührt, und als ich die Zeitung dann sah, war ich schier überwältigt. Meine Geschichte füllte fast die gesamte Titelseite des Freizeitteils und ging innen weiter! Sogar auf dem Titelblatt wurde darauf hingewiesen. Das war ein Lichtstrahl im Dunkeln, den meine Familie zur Aufmunterung so dringend brauchte. Es war mir zwar nicht recht, dass Emma mit Reportern darüber spekulieren musste, wie es wäre, mich eines Tages zu verlieren. Doch wenn uns das näher zusammenbrachte, war es den Stress vielleicht wert.

Aber warum musste ich mich dann schon wieder mit dem Krebs rumschlagen?

Es dauerte zwei Tage, bis ich den Mut aufbrachte, Emma davon zu erzählen. Als ich mich dann schließlich mit ihr zusammensetzte, hoffte ich insgeheim, sie würde mir mit einer Frage über Sex zuvorkommen, damit ich mich noch einmal drücken konnte. Aber Kneifen kam nicht infrage. Und so musste ich ihr ein weiteres Mal sagen, dass ich Krebs hatte. Ich umarmte sie fest und konnte nicht sehen, ob sie weinte. »Es ist ein bisschen wie bei dem Spiel ›Hau den Maulwurf‹«, sagte ich mit leicht zittriger Stimme. »Mein Krebs macht sich immer wieder mal bemerkbar, und dann muss man ihm eins auf den Kopf geben wie dem Maulwurf im Spiel.«

Emma war eine Weile still, dann sagte sie: »Aber bei ›Hau den Maulwurf‹ kann man nicht gewinnen. Und du wirst gewinnen.«

Gott segne dieses Kind.

Das Leben ist zu kurz,
um für einen Arsch zu arbeiten

Ich war eine Zeit lang als Gebietsleiter für ein großes Unternehmen tätig und hatte eine Handvoll Filialen zu betreuen. Nur ein paar Tage pro Monat musste ich in die Konzernzentrale und hatte immer das ungute Gefühl, dass da etwas nicht mit rechten Dingen zuging. Immer wenn ich einen neuen Mitarbeiter engagierte, fragten die anderen: »Ist er Schwarzer?«

Hallo? Wir lebten doch nicht mehr in den Sechzigerjahren!

Dann wurde ich unfreiwillig Zeuge eines Gesprächs zwischen zwei schwangeren Kolleginnen, die darüber diskutierten, ob sie gerichtlich gegen die Firma vorgehen sollten, weil sie sich diskriminiert fühlten. Schließlich fand ich heraus, dass ich als Spaßbremse galt, weil ich nicht an den »Betriebsfeiern« teilnahm, auf denen auch Drogen konsumiert wurden.

Ich habe gekündigt und diesen Schritt nie bereut.

Der Beruf ist mir wichtig. Ich denke, das wird er dir auch sein. Du wirst es im Lauf deines Lebens vermutlich mit einigen mehr oder weniger direkten Vorgesetzten zu tun haben. Denk dran: Dein Leben ist zu kurz, um für einen Arsch zu arbeiten.

Sei ein Regenbogen
in der Wolke eines anderen.

Maya Angelou

14

Ein Actionheld des Alltags

Während der Vorbereitung auf meine Operation stellte mir eine der Schwestern die Routinefrage: »Sind Sie über Risiken und Nutzen dieses Eingriffs informiert worden?«

»Ja«, antwortete ich. »Das Risiko besteht darin, dass ich sterbe, und der Nutzen darin, dass ich lebe.«

Ich glaube, darauf war sie nicht gefasst.

Die Rekonvaleszenz war diesmal ein Kinderspiel. Ich holte nicht einmal die verschriebenen Schmerzmittel ab. Aber als die Laborergebnisse zwei Wochen später kamen, waren sie nicht gut. Der Krebs hatte nicht vollständig entfernt werden können. Er befand sich noch in meinem Körper. Ich war offiziell als Hochrisikopatient eingestuft worden.

Nun konnte ich mir nichts mehr vormachen. Das war's dann. Ich würde bald sterben, der Tod dräute schon am Horizont. Zwar noch ein Stück entfernt, aber bereits in Sichtweite.

Wir hofften, dass man mir die Teilnahme an einer Medikamentenstudie für Nierenkrebspatienten ermöglichen würde. Ich war regelrecht scharf auf einen Termin im MD Anderson Cancer Center in Houston. Als bei mir zum ersten Mal Nierenkrebs diagnostiziert worden war, hatte ich ausführlich recherchiert und eine Liste der besten Therapien und Kliniken zusammengestellt. Jetzt holte ich die Liste wieder hervor, und MD Anderson stand ganz oben. Aber man musste tausend Dollar hinterlegen, bevor man überhaupt einen Termin bekam. Ich hatte keine tausend Dollar übrig. Doch es gab eine Neuerung: Ab Januar würde meine Versicherung die Kosten übernehmen. Wir mussten einfach nur abwarten.

Kurz nach der Operation flog ich zu einem Bewerbungsgespräch nach Orlando. (Der Krebs hatte meinen Charakter nicht verändert – ich hielt immer noch die Augen offen nach neuen beruflichen Perspektiven, denn ich wollte für Lissa und Emma finanziell das Beste herausholen, unabhängig davon, wie es mit mir weiterging.) Ich saß im Flugzeug, wartete auf den Start und versuchte, die nagenden Sorgen zu verscheuchen, die mich bedrängten. Ich hatte ein Buch mitgenommen, aber es konnte meine Aufmerksamkeit nicht gewinnen. Deshalb griff ich nach den Zeitschriften in dem Netz der Vordersitzlehne, fand *Spirit*, das Magazin von Southwest Airlines, und fing an, darin zu blättern.

Bei einem der Artikel blieb ich unwillkürlich hängen. Er trug den Titel »Ein Actionheld des Alltags«. Als Star-Wars-Fan fühlte ich mich natürlich davon angesprochen und fing an zu lesen.

Der Artikel berührte mich sehr. Er berichtete von Alex Sheen, einem jungen Mann, der nach dem Tod seines Vaters die Bewegung »Because I Said I Would« ins Leben gerufen hatte, in der es um das Halten von Versprechen ging. Sie ermutigt Menschen, ihre eigenen Absichten ernst zu nehmen. Was Alex an seinem Vater immer beeindruckt hatte, war, dass dieser ausnahmslos alle Versprechen hielt. Ohne Wenn und Aber. Er stand zu seinem Wort. Alex sah, wie wenig eine so konsequente Haltung in unserer schnelllebigen Gesellschaft honoriert wurde. Er wollte Menschen – und sich selbst – dazu bringen, dass sie zu ihren Versprechen standen. Er entwarf dazu kleine Visitenkarten, die er Interessenten schickte. Auf der unteren Hälfte der Karte stand einfach »Because I Said I Would« – »weil ich es versprochen habe«. Wer wollte, konnte sein persönliches Versprechen darüberschreiben, ein Foto von dem Kärtchen machen und es auf seiner Seite posten.

Bei manchen Versprechen ging es um Kleinigkeiten, bei anderen um existenzielle Fragen.

Mir ging es gerade ganz und gar nicht gut. Meine Aussichten waren düster. Wie gesagt hatten die Ärzte prophezeit, Patienten wie ich hätten eine etwa achtprozentige Chance, die nächsten fünf Jahre zu überleben. Bis zu Emmas Highschool-Abschluss waren es noch viereinhalb Jahre. Es war sehr unwahrscheinlich, dass ich ihr bis dahin jeden Tag eine Serviette mit einer Botschaft mitgeben konnte.

Andererseits existierte zwischen uns eine Art stillschweigender Pakt, dass ich immer derjenige sein würde, der ihr die Lunchbox füllte und etwas auf die Serviette schrieb. Aber diese Hoffnung schien sich zu verflüchtigen. Was sollte ich tun?

Die Auseinandersetzung mit dem Krebs entzog so vieles meiner Kontrolle. Ich verstand nicht, warum ich immer weiterkämpfen musste, während andere Männer ohne nennenswerte gesundheitliche Probleme siebzig wurden. Sie durften nicht nur zusehen, wie ihre Kinder die Highschool abschlossen, sondern auch noch ihr Studium, ihre ersten Berufserfahrungen und ihre Hochzeit miterleben.

Eines jedoch konnte ich tun: Dafür sorgen, dass Emma in den nächsten Jahren täglich ihre Botschaft von mir bekam.

Und so versprach ich mir an jenem Tag im Flugzeug, auf Sitz 34B, dass ich für jeden Tag bis zu ihrem Highschool-Abschluss eine Serviette vorbereiten würde. Ich überschlug im Kopf, wie viele das waren: 826. So viele würde ich im Voraus schreiben, damit ich mein Versprechen gegenüber meiner Tochter halten könnte. Und ich würde sofort nach meiner Rückkehr damit anfangen.

Noch bevor ich im Hotel eingecheckt hatte, schickte ich Alex eine Mail. Ich teilte ihm mit, dass mich sein Artikel zu einem Versprechen angeregt hatte, und nannte ihm den Wortlaut. Ein paar Tage später meldete er sich zurück. Mein Versprechen und die Serviettenbotschaften für Emma imponierten ihm sehr. Ich konnte es kaum glauben, war doch seine Vision im Gegensatz zu meiner so gewaltig …

Die Begegnung mit Alex und seiner Geschichte löste etwas in mir aus. Sie half mir, mich zu fokussieren – und zwar nicht auf die düstere Prognose, sondern auf das, was ich zurücklassen würde. Jawohl, ich würde meiner Tochter jeden Rat geben, der ihr meiner Meinung nach im Leben etwas nützen konnte.

Tu nichts, worüber du nicht reden kannst

Würdest du von mir einen Rat wollen, wie du in einem Test am besten schummelst? Oder eine Bank ausraubst? Wenn sich dir beim Gedanken an ein solches Gespräch die Nackenhaare sträuben, dann solltest du über das Thema gar nicht erst nachdenken.

Könntest du deine beste Freundin ohne Weiteres fragen, ob du mit ihrem Freund ausgehen darfst? Wohl kaum.

Du bist erwachsen genug, dich vernünftig über Handlungen, Gefühle und Gedanken zu unterhalten. Führe solche Gespräche. Wenn du über etwas nicht reden kannst, bist du vielleicht nicht reif genug, die betreffende Handlung richtig einzuschätzen.

Was du heute tust, kann von morgen an
jeden einzelnen Tag deines Lebens verändern.

Zig Ziglar

15

Das schönste Weihnachtsgeschenk aller Zeiten

Lissa hatte mich schon lange bedrängt, bald einmal einen Termin mit der onkologischen Abteilung des VCU-Massey-Krebszentrums zu vereinbaren. Sie hatte viel Gutes gehört, unsere Krankenversicherung übernahm für diese Einrichtung die Kosten, und das Zentrum lag ganz in der Nähe, in Richmond. Außerdem würde ich nicht lange auf einen Termin warten müssen. Aber ich nörgelte immer nur: »Es steht nicht auf meiner Liste!«

Meine Frau versuchte, Geduld aufzubringen, aber sie wollte keinesfalls bis zu meiner Untersuchung im MD Anderson Cancer Center im Januar warten. Also kümmerte sie sich um einen

Termin und schleppte mich ins VCU-Zentrum zu einem gewissen Dr. Swainey.

Als wir das Gebäude betraten, fiel mir spontan ein Onkologe ein, den wir vor ein paar Wochen aufgesucht hatten. Er war keine Kämpfernatur. Sein Engagement hielt sich in Grenzen. »Wir können leider nicht viel tun, Mr. Callaghan«, hatte er gesagt. »Wenn Sie wollen, können Sie dieses Medikament nehmen – aber Sie müssen es wirklich wollen. Wir wissen nicht, ob es hilft, und es hat eine Menge Nebenwirkungen …«

Natürlich wollte ich dieses Medikament! Ich wollte, dass er sein Schwert zog und für mich kämpfte! Es versteht sich wohl von selbst, dass er mich nie wiedersah.

Dr. Swainey dagegen war auf den ersten Blick anzumerken, dass er sich für mich einsetzen würde. Er bemühte sich nicht nur gleich zu Beginn, mir die Teilnahme an einer Arzneistudie zu ermöglichen, sondern schaffte es auch noch, mich an meinen Glauben zu erinnern.

Mir war es sehr wichtig, dass meine Ärzte erfuhren, dass ich für *Emma* am Leben bleiben wollte. Ich betonte stets, wie sehr ich sie liebte. Dass ich um ihretwillen absolut *alles* tun würde, um weiterzuleben.

Dr. Swainey unterbrach mich mitten im Satz und fragte: »Sie wissen, wie sehr Sie Ihre Tochter lieben?«

Ich starrte ihn an. *Habe ich eigentlich gegen eine Wand geredet?*

Er lächelte mich an und fuhr fort: »Gott liebt sie mehr.«

Wow. Okay. Das musste wohl mal gesagt werden.

Von da an war er offiziell mein Arzt.

Weihnachten rückte näher – wieder ein Weihnachtsfest, das vom Krebs überschattet sein würde. Außerdem wuchs der Stapel der Arztrechnungen. Wir hatten Mühe, die Hypothek für das Haus weiter abzubezahlen. Ich hatte gerade einige wertvolle Stücke aus meiner Elektronik- und Star-Wars-Kollektion verkauft, damit wir wenigstens die Rate für den Dezember aufbringen konnten. Für Geschenke oder Unternehmungen blieb da nicht viel übrig.

Der Entwurf deines Lebens geht weit über die Lebensumstände von heute hinaus.

Unbekannt

Meine Mutter lässt sich von solchen Details prinzipiell nicht beeindrucken und schenkte meiner Familie einen Streaming-Mediaplayer, mit dem man über eine einfache mobile App Filme, Musik, Fotos und vieles mehr vom Smartphone, Tablet oder Laptop auf den Fernseher übertragen kann. Zugegeben, es war eigentlich ein Geschenk für den Computerfreak in mir. Ich war begeistert und machte mich sofort an die Installation. Nach dem Mittagessen war das Ganze betriebsbereit, und ich rief die Familie zusammen, damit ich ihr mein neues Spielzeug vorführen konnte.

Ich zog also mein Smartphone hervor und öffnete YouTube. Das letzte Video, das ich mir angesehen hatte, war noch auf dem Bildschirm. Es stammte von Alex und hieß »Gute Neujahrsvorsätze: 52 Wochen später«.

Ich hatte Lissa und Emma bisher weder von meinem Versprechen noch von Alex erzählt. Das Versprechen, Emma für jeden Tag bis zu ihrem Highschool-Abschluss im Voraus eine Serviette zu beschriften, beschäftigte mich sehr, aber ich wusste nicht, wie ich es ansprechen sollte, ohne zuzugeben, dass ich mich innerlich aufs Sterben vorbereitete.

Andererseits wollte ich, dass auch Emma und Lissa sich von Alex' Ideen Mut machen ließen; und wenn wir uns gemeinsam dieses Video ansahen, war das eine schöne Art, sich auf die frohe Botschaft von Weihnachten zu konzentrieren – trotz der Ängste, die unausgesprochen im Raum standen.

Ich ließ das Video laufen und erzählte, wie ich im Flugzeug auf den Artikel über Alex und seine Mission gestoßen war. Dann sahen wir uns den kurzen Film an. Er schien Lissa und Emma zu gefallen. Anschließend zogen wir uns für unseren traditionellen Weihnachtsspaziergang mit Noël um.

Der Fernseher war genau zwei Minuten aus, als mein Telefon klingelte. Die Nummer auf dem Display war mir unbekannt. Ohio? Ich hatte keine Verwandten in Ohio und keine Lust, am Weihnachtstag mit einem Fremden zu reden, deshalb ging ich nicht dran.

Doch dann ließ mir die Frage, wer mich angerufen hatte, doch keine Ruhe. Ich überprüfte nicht einmal, ob der Anrufer eine Nachricht hinterlassen hatte, sondern googelte gleich die Nummer. Die ersten Treffer sagten mir nichts, aber weiter unten las ich den Eintrag: »Der Gründer von ›Because I Said I Would‹ spendet zwanzig krebskranken Kindern Ausflüge nach Disneyland.«

Was? Konnte das Alex gewesen sein? Hatte *er* mich gerade angerufen? An Weihnachten? Nur Sekunden nachdem ich meiner Familie zum ersten Mal von ihm und seiner Vision erzählt hatte?

Tatsächlich fand ich auf meiner Mailbox eine Nachricht von ihm vor:

Hallo Garth. Hier ist Alex Sheen, der Gründer von »Because I Said I Would«. Wir hatten im November Kontakt, aber damals kam Verschiedenes dazwischen. Ich wollte nur schnell frohe Weihnachten wünschen und ein paar Worte mit Ihnen wechseln. Vielleicht ein andermal. Ich hoffe, Sie haben einen wunderschönen Tag und wir sprechen uns bald. Alles Gute.

Verrückt.

Ich schickte ihm eine SMS, in der ich mich bei ihm bedankte und versprach, mich bald zu melden.

Dann gingen wir spazieren wie geplant. Ich schwebte auf Wolke sieben. Dass Alex überhaupt daran gedacht hatte, mich anzurufen, und dann auch noch an Weihnachten! Ich hatte das unbestimmte Gefühl, dass sich am Horizont etwas Neues abzeichnete. Es musste einen Grund dafür geben, dass Alex und ich auf diese Art in Kontakt traten.

Lissa bemerkte mein seliges Lächeln und legte mir die Hand auf den Arm: »Das war eindeutig dein schönstes Geschenk.«

So war es, sie hatte recht.

Am nächsten Tag rief ich Alex an. Ich hatte vergessen, dass die Idee zu seiner Website auf den Krebstod seines Vaters zurückging. Mir kamen die Tränen, und auch Alex musste weinen. Wieder einmal wurde ich gedanklich in die Zukunft katapultiert, in der Emma vermutlich ohne Vater aufwachsen würde.

Ich hasse es, wenn meine Gedanken in diese Richtung streben. Es ist schwer, sich aus solchen Gedankenmustern wieder zu lösen.

Alex bat um Erlaubnis, auf der Facebook-Seite von »Because I Said I Would« etwas über mich schreiben zu dürfen. Ich willigte gern ein. In den folgenden Wochen telefonierten wir häufig, weil Alex viel daran lag, die Fakten korrekt darzustellen und auch die emotionale Seite meiner Geschichte so zu schildern, dass ich mich damit wohlfühlte. Er fragte immer wieder nach, ob ich mit der Veröffentlichung meiner Geschichte wirklich einverstanden sei. *Natürlich,* dachte ich, *wenn sie ein paar Menschen hilft, ist es mir recht.* Alex gab mir auch zu bedenken, dass meine Familie womöglich quasi über Nacht ins Scheinwerferlicht geraten würde. Ich hielt das für maßlos übertrieben. Sicher, manche Videos fanden weite Verbreitung, aber selbst das dauerte eine gewisse Zeit. Und was sollte an unserer Geschichte schon so spannend sein?

Lektion 44

Lerne zu verzeihen

Vergebung ist ein Geschenk, das du dir selbst machst. Du brauchst nicht zu vergessen. Du musst nur lernen, wie man loslässt und der Person oder Situation nicht erlaubt, das eigene Denken zu beherrschen.

Anfang 2001 wurde ich aus meiner damaligen Firma entlassen. Du warst damals noch klein, und Mama war nicht berufstätig. Ich bekam eine ganz ordentliche Abfindung, und schon zwei Tage nach der Kündigung wurde mir eine neue Stelle angeboten. Rückblickend betrachtet, war die Situation eigentlich nicht besonders schwierig. Trotzdem war ich jahrelang extrem gekränkt. Aber dass ich mich verraten fühlte, ließ ich niemanden wissen. Ich trug meinen Ärger stumm mit mir herum. Diese Gefühle vergifteten lange meine beruflichen Kontakte zu der Firma. Letztlich schadete ich damit nur mir selbst. Und was noch schlimmer war: Mein Zorn richtete sich nicht einmal gegen eine Person, sondern gegen eine Organisation!

Wir alle brauchen Frieden, und Vergebung erlaubt es uns, eine Verletzung hinter uns zu lassen. Vergebung ist eine bewusste Entscheidung, genau wie andere Entscheidungen, die du im Leben triffst. Du hast die Wahl.

Mein Leben ist meine Botschaft.

Mahatma Gandhi

16

Die Geschichte wird öffentlich

23. Januar 2014

»Was bedeutet ›hohes Risiko‹?«, fragte Garth. Sein Onkologe sah ihm in die Augen und erwiderte: »Sie werden an dieser Krankheit sterben.« Garth ist vierundvierzig und hat seit November 2011 dreimal eine Krebsdiagnose erhalten. Einmal Prostatakrebs, zweimal Nierenkrebs. Obwohl er heute gesund wirkt, besagt die Statistik, dass er eine achtprozentige Chance hat, die nächsten fünf Jahre zu überleben.

Garth hat eine Tochter namens Emma. Seit sie in der zweiten Klasse ist, schreibt er für sie kleine Botschaften auf Servietten, die er in ihre Lunchbox legt. Es sind nur ein paar ermutigende Worte, aber in der Hektik der Tage, die sie getrennt am Arbeitsplatz und in der Schule verbringen, entstehen dadurch kurze Momente der Nähe. Es sind Momente, in denen Garth weiß, dass Emma an ihn denkt.

Garth wird sterben, aber er will nicht, dass Emma mittags ohne seine Botschaften auskommen muss. Deshalb verspricht er Folgendes: Er wird für jeden Tag bis zu Emmas Highschool-Abschluss etwas für sie auf eine Serviette schreiben. Bisher sind 740 Botschaften fertig, 86 stehen noch aus.

Diesen Text postete Alex auf seiner Facebook-Seite. Zwei Stunden später kam eine E-Mail von ihm: »Deine Nachricht auf Facebook ist auf dem besten Weg, die erfolgreichste zu werden, die wir je ins Netz gestellt haben.«

Ich hatte alle Kommentare gelesen und war überwältigt von dem Zuspruch, den ich von allen Seiten bekam. Ich hatte meine Geschichte auch in meiner Facebook-Chronik veröffentlicht, und sie machte in meinem Freundeskreis und darüber hinaus rasch die Runde.

Am nächsten Morgen wollte Lissa mit mir reden. Sie war besorgt. Wir hatten Emma nichts von der Facebook-Seite erzählt. Unsere Tochter und die meisten ihrer Freundinnen hatten zwar keinen eigenen Account, aber ich hatte mich sehr klar zu meinen schlechten Überlebenschancen geäußert, und meine Frau hatte Angst, dass jemand zu Emma etwas sagen würde wie: »Ich wusste gar nicht, dass dein Vater bald stirbt.«

Puh. Das wäre natürlich furchtbar, aber ich sperrte mich gegen Lissas Bedenken. »Emma wird nie was davon erfahren, Lissa. Diesen Eintrag liest doch niemand, mach dir keine Gedanken.«

Da hatte ich mich aber gewaltig getäuscht. Meine Geschichte sprach sich rasch herum, und am nächsten Tag beschloss ich, mit Emma zu reden. Emma wusste, dass ich als Risikopatient galt. Wir hatten nie genau definiert, was das bedeutete. Sie wusste nur, dass immer wieder nachgeschaut wurde, ob sich ein neuer Tumor gebildet hatte, und dass wir nach Behandlungsmöglichkeiten suchten, die die Krebszellen in Schach hielten.

Während ich Emma im Auto zu einem Termin chauffierte, ergriff ich die Gelegenheit beim Schopf. Wie beiläufig erzählte ich ihr, dass meine Geschichte jetzt in der Öffentlichkeit bekannt sei. Ich nannte ihr auch die statistischen Zahlen.

Acht Prozent.

Fünf Jahre.

Aber die Statistik, sagte ich, trifft nicht auf mich zu. Ich bin meine eigene Statistik. Daran glaubte ich damals, und daran glaube ich noch heute. Unsere Familie würde es entgegen aller Wahrscheinlichkeit schaffen. Wir waren keine nüchternen Zahlen in einer Tabelle.

Am besten, fuhr ich fort, sollte sie es sich gar nicht erst ange-
wöhnen, im Internet Artikel über mich zu lesen. Ich war gebeten worden, von meiner Krebserkrankung zu berichten, aber
im Grunde wollten Alex und ich von den Servietten erzählen
und davon, wie viel sie uns bedeuteten. Wir wollten dazu beitragen, dass Eltern und Kinder sich mithilfe solcher Botschaften näherkamen. Es ging nicht um Krebs. Und ums Sterben
ging es schon gar nicht. Sterben müssen wir alle irgendwann,
wir sind eben sterbliche Wesen. Daran lässt sich nichts ändern.

Emma schien das zu verstehen. Ich fragte sie, ob sie etwas
dagegen hätte, dass ich unsere Geschichte veröffentlichte. Sie
schüttelte den Kopf. Im Gegenteil – sie freute sich, dass sie helfen konnte.

Gib einem Freund in Not deinen letzten Cent

Geld ist etwas Lebloses. Du kannst dir mehr davon erarbeiten. Wenn du einen hilfsbedürftigen Freund hast und es dir leisten kannst, gib ihm dein Geld. Ach was, vielleicht solltest du es ihm auch geben, wenn du es dir nicht leisten kannst. Verleih kein Geld, weder an Freunde noch an Verwandte. Schenk es ihnen. Wenn du Geld verleihst, sind damit Verpflichtungen verbunden, selbst wenn das nicht in deiner Absicht liegt. Zumindest wird der Empfänger Verpflichtungen spüren, auch wenn keine existieren.

Erkenne den Unterschied zwischen Erfolg und Ruhm.
Erfolg ist Mutter Teresa. Ruhm ist Madonna.

Erma Bombeck

17

Ich bin nur einer, der auf Servietten schreibt

Es war Dienstagvormittag, und ich saß im Büro am Schreibtisch, als mich eine merkwürdige SMS von meinem Business Coach erreichte: »Sie waren gerade in der ›Today‹-Show. Glückwunsch!«

Ich sah mich um. Ich war mir ziemlich sicher, dass ich an meinem Arbeitsplatz in der Firma saß. Ich war nicht in New York City. Was meinte die Frau?

Ein paar Tage nachdem meine Geschichte auf Facebook so eingeschlagen war, hatte Alex telefonisch nachgefragt, ob er sie auch auf zwei anderen Seiten, Reddit und Imgur, posten dürfe. Ich stimmte zu. Behutsam hatte er mich darauf vorbereitet, dass ich vermutlich ein paar Interviewanfragen bekommen würde. Ich grinste ungläubig. Und erhielt prompt einen Anruf von Today.com. Eun Kim wollte mich für ihre Website interviewen. Ich war perplex, aber natürlich einverstanden. Auf diesen ersten Anruf folgten Hunderte, u. a. von BuzzFeed, Huffington Post, Yahoo. Aber all das spielte sich online ab. Das Fernsehen hatte bisher noch nichts von mir gewollt.

Und jetzt hatten sie offenbar in »Today's Take«, der dritten Stunde von »Today«, einen Bericht über mich gesendet und das Interview auf der Website als Grundlage für eine Live-Diskussion genommen.

Von diesem Moment an klingelte mein Handy praktisch nonstop. »Napkin Notes« hatte sich viral verbreitet.

Die nächsten Tage vergingen wie im Flug. Ich musste Anfragen entgegennehmen und mit der Familie besprechen, wie weit wir uns darauf einlassen wollten. War es in Ordnung, dass meine Tochter sich im Radio über unsere ganz private, bedrückende Situation äußerte? Emma selbst hatte überhaupt keine Bedenken. Sie war sehr stolz auf die Idee mit den Servietten und alles, was damit zusammenhing. Wenn es nach ihr ginge, konnte sich die Geschichte nach Belieben herumsprechen. Ich war sehr beeindruckt von meiner Tochter.

In meinem Inneren meldete sich jedoch eine skeptische Stimme zu Wort, die immer lauter wurde, je mehr ich ins Rampenlicht geriet. Alle Interviewer lobten mein Vorgehen und beteuerten, was für ein guter Vater ich doch sei. Ich war dankbar für ihre netten Worte, aber was machte ich denn schon groß? Ich schrieb nur Botschaften auf Servietten. Sicher, wir mussten in unserer verrückten Welt, der klare Prioritäten fehlten, an die einfachen Dinge des Lebens erinnert werden. Aber die Journalisten erlebten mich nicht an den Tagen, an denen die Nebenwirkungen meiner Medikamente mich quälten und mein Geduldsfaden alle fünf Minuten riss. An denen ich Emma anblaffte, weil sie trödelte, und sie antrieb, weil ich fürchtete, wir würden zu spät zu ihrem Softballtraining kommen.

Mut ist, wenn man Todesangst hat und sich trotzdem in den Sattel schwingt.

John Wayne

Auf unsere erste Reise nach New York bereitete ich mich denn auch mit gemischten Gefühlen vor. Die »Today«-Show wollte uns live ins Studio holen. Ich konnte nicht mehr schlafen und nicht mehr klar denken. Das Interesse an unserer Familie rollte wie ein Tsunami über mich hinweg.

An unserem ersten Abend in New York standen wir vor der St. Patrick's Cathedral. Lissa wollte gern hineingehen, und ich kannte das Gebäude auch noch nicht. Als wir den Kirchenraum betraten, spürte ich einen Druck auf der Brust. Emma und ich würden in wenigen Stunden im Studio sitzen und dem ganzen Land unsere Geschichte erzählen. Ich ging in den rückwärtigen Teil der Kirche und sprach laut ein Stoßgebet, das als »Shepard's Prayer« bekannt wurde (nach dem Astronauten Alan Shepard, von dem es angeblich stammt): »O Herrgott, lass mich keinen Sch… bauen.«

Ich hatte laut gesprochen, damit Lissa und Emma mich hörten, und sie damit ziemlich schockiert. Normalerweise drücke ich mich nicht so drastisch aus, und schon gar nicht in der Kirche! Aber der Satz lockerte die Situation auf und formulierte gleichzeitig genau die Vorbehalte, die mir so schwer auf der Seele lasteten: Worauf hatte ich mich da nur eingelassen? Auf die plötzliche Aufmerksamkeit war ich nicht im Mindesten gefasst gewesen. Und wenn ich's nun verbockte? Wenn ich beim Reden über die Vergänglichkeit und die Bedeutung der Servietten für mich die Contenance verlor?

Nur wenige Stunden vorher war ein Gespräch für die Sendung »Here and Now« von »National Public Radio« aufgezeichnet worden, bei dem mich eine Frage kalt erwischt hatte: »Garth, jeder, der diese Aufzeichnung hört, mich eingeschlossen, hofft natürlich in allererster Linie, dass Sie noch da sein werden, wenn Emma ihre 826. Serviette bekommt. Falls das aber nicht der Fall sein sollte – wie soll sie Sie in Erinnerung behalten, wenn sie die letzte Serviette in der Hand hält und an all die anderen zurückdenkt?« Heiliger Klingone! Konnte die Journalistin mir allen Ernstes solch eine Frage stellen, während Lissa und Emma hinter mir im Studio saßen und zuhörten?

Ich würgte. Mir blieb buchstäblich die Luft weg, und dann fing ich an zu weinen. Es war ein Gefühl, als hätte mir jemand ein Messer ins Herz gebohrt. Mit meiner Selbstbeherrschung war es vorbei. Glücklicherweise sahen Lissa und Emma nur meinen Rücken. Ich war daran gewöhnt, meine Erfahrung in einem positiven Licht darzustellen, und wenn ich über Ängste und Krisen sprach, betonte ich immer, dass ich die meisten ganz gut überstanden hatte. Meine positive Einstellung hielt ich für die schärfste Waffe in meinem Arsenal. Und nun waren durch eine einzige Frage die Ängste und Zweifel präsenter denn je und stürmten geradezu entfesselt auf mich ein.

Zum Glück schnitt der Sender den größten Teil meines Gestotters und Geschniefes aus der Erstfassung heraus, doch für mich war etwas anderes entscheidend: Ich wusste jetzt, wie es wirklich in mir aussah und was im Studio passieren konnte. So wollte ich mich nicht im Fernsehen präsentieren, nicht vor der ganzen Nation. Und vor einer Fernsehkamera kann man sich nicht verstecken.

Der nächste Morgen brach an, Emma und ich fuhren zu dem absurd früh angesetzten Termin, aber der Interviewer benahm sich äußerst rücksichtsvoll. Emma hielt sich großartig, und ich wahrte die Fassung. Es war eine surreale Erfahrung. Dass ich so etwas erleben würde – und dann auch noch zusammen mit Emma –, hätte ich mir nie träumen lassen. (Sie trat als eine junge Dame auf, souverän und selbstsicher. Ich war maßlos stolz.) Meine Mission hatte eine neue Bedeutung gewonnen, wenn auch meine Krankheit ein ziemlich hoher Preis dafür war, dass meine Idee von den Serviettenbriefchen unter die Leute kam.

Ich wurde auf immer höhere Podeste gestellt, und bald machte sich der Druck bemerkbar. Wenn es mir zu viel wurde, griff ich zum Telefon und rief meine Patentante Ruth an. Bei ihr hatte ich schon immer Zuflucht gesucht und gefunden. Als ich noch in ihrer Nähe wohnte, hatte ich oft das Wochenende bei ihr und Onkel Peter verbracht. Bei ihnen konnte ich mich wunderbar entspannen. Dort fühlte ich mich immer geborgen.

Was auch immer du bist,
sei gut darin.

Abraham Lincoln

Sie hörte mir eine Weile schweigend zu. Dann fand sie genau die richtigen Worte: »Garth, du bist nicht allein. Das warst du nie. Mach dir nicht so viele Sorgen, was du dort sagen wirst. Du hast schon alles gesagt. Manche Leute haben es nur noch nicht gehört: ›Pack. Write. Connect.‹ Es geht weniger um den Krebs als darum, wie viel dir deine Tochter bedeutet. Und du kannst uns alle daran erinnern, dass wir jede noch so winzige Gelegenheit ergreifen sollten, den Menschen, die wir lieben, zu sagen, dass sie für uns einzigartig sind!«

Pack. Write. Connect.

Das konnte ich. Diesem Rat folge ich heute noch.

Wenn ich nicht weiß, was ich tun soll, oder das Chaos meines Lebens mich zu verschlingen droht, konzentriere ich mich auf das Wichtigste.

Tief Luft holen.

Die Lunchbox packen.

Eine Nachricht schreiben.

Mit Emma in Kontakt bleiben.

Und wieder von vorn.

Nichts anderes zählt.

Du bist eine Anführerin – führe

Du bist eine Führungspersönlichkeit, Emma. Du hast die Fähigkeit, Freunde und Teams zusammenzubringen. Zum Führen braucht man kein Diplom, man kann es von innen heraus.

Ich sehe deinen Frust, wenn die Dinge falsch laufen. Du musst erkennen, dass dein Team sich nach dir richtet. Es ahmt dein Verhalten nach. Es wird tun, was du vorschlägst. Wenn du zulässt, dass die Situation deine Laune bestimmt, wird dein Team das spüren und ebenso reagieren.

Vergiss nicht zu delegieren. Wir können nicht alles allein schultern. Deine Handlungen und deine Haltung werden das Team inspirieren.

Als Store Manager ging ich einmal an meinem freien Tag in eines unserer Geschäfte, um zu sehen, wie die Dinge so liefen. Ich trug Shorts und ein T-Shirt und plauderte mit einem der Verkäufer, als ein Kunde auf mich zukam und anfing, mir Fragen zu stellen. Ich antwortete schnell und höflich, und der Kunde war zufrieden. Dann fragte ich ihn, warum er sich an mich gewendet habe, wo ich doch gar nicht so aussah, als arbeite ich hier. Er sagte, darauf habe er nicht geachtet – ich hätte einfach so ausgesehen, als sei ich hier der Verantwortliche.

Lasst uns so leben, dass sogar
der Bestattungsunternehmer
unseren Tod bedauern wird.

Mark Twain

18

Das Geschenk der Worte

Ich zögerte, bevor ich Emmas Serviette zusammenfaltete. Sollte ich ihr wirklich gerade jetzt etwas über den Tod daraufschreiben? Sie sollte schließlich nicht dauernd über meine Sterblichkeit nachdenken, sondern sich lieber auf das Leben konzentrieren. Ihr Leben. Darauf, wie man das Leben meistert. Aber davon handelte das Zitat ja eigentlich. Mir gefiel es. Ich faltete die Serviette zusammen und legte sie in ihre Box.

Ich war aufgeregt. Dr. Swainey hatte angerufen und mir mitgeteilt, dass ich nicht an der klinischen Studie teilnehmen könnte, weil ich neben dem Nieren- auch noch Prostatakrebs hatte. (Man sollte doch meinen, ich müsste mit zwei Arten von Krebs ganz oben auf der Liste stehen? Aber nein, das hätte ihre

Ergebnisse verfälscht.) Doch Dr. Swainey, Gott segne ihn, hatte eine Möglichkeit gefunden, mir die Medikamente trotzdem zu beschaffen, und dafür gesorgt, dass meine Versicherung einen Teil der Kosten übernahm. (Ohne die Versicherung hätte mich das Medikament zwölftausend Dollar im Monat gekostet.) Ich war heilfroh, dass ich einen Arzt gefunden hatte, dem es ein Anliegen war, mich am Leben zu halten.

Ich bin oft gefragt worden, welche Auswirkungen der Krebs auf mein Leben hat. Ich weiß gar nicht, wo ich anfangen soll. Der Krebs hat alle tragenden Säulen meines Lebens ausgehöhlt. Er hat mich bis ins Innerste erschüttert, und manchmal war mir, als hätte ich mich selbst verloren. Ich kann nur immer wieder sagen, dass auf eine gewisse Weise nicht ich allein Krebs habe. Meine ganze Familie ist davon betroffen. Wir bekämpfen ihn seit Jahren gemeinsam, und wahrscheinlich werden wir das Schlachtfeld bis zum Ende meines Lebens nicht mehr verlassen.

Vielleicht widerstrebt es Ihnen, solch einen Satz zu lesen, und für mich war es auch sehr schwierig, ihn zum ersten Mal zu denken: Ich kann mir nicht wünschen, nie Krebs gehabt zu haben. Ich bin natürlich nicht froh darüber. Natürlich wünsche, hoffe und bete ich, dass ich ihn morgen nicht mehr haben werde. Aber ich kann mir nicht wünschen, ihn nie gehabt zu haben.

Der Krebs hat mich auf den Weg gebracht. Er hat mich gelehrt, mich auf das Wesentliche zu konzentrieren. Und wenn ich anderen Menschen durch meine Geschichte helfen kann, darf ich mich nicht dagegen sträuben.

Ich bin noch aus einem anderen Grund dankbar. Der Krebs war für mich eine Art Weckruf. In erster Linie wurde mir bewusst, wie viel mir geschenkt ist, und ich lernte, dies den Menschen, die ich liebe, auch zu sagen. Und ich hatte die Chance, mich auf das Unvermeidliche vorzubereiten und meine Angelegenheiten zu regeln. Ich konnte mich mit der Lebensversicherung und dem Testament beschäftigen und mir Gedanken machen, wie ich mir meine Trauerfeier wünschte.

Mein Vater war, wie gesagt, vierunddreißig Jahre lang Bestattungsunternehmer. Meine Familie bestritt mit dem Tod ihren Lebensunterhalt. Ich wusste schon als Kind, dass der Tod zum Leben gehört. Jeder wollte ihn möglichst lange hinausschieben, aber wenn er eintrat, war das Callaghan Funeral Home für die Hinterbliebenen da und bemühte sich, ihnen den Abschied zu erleichtern.

Doch trotz meiner Vertrautheit mit diesen Themen war das Dahinscheiden meines Vaters wenige Monate vor meiner ersten Krebsdiagnose der erste Todesfall, der mich persönlich betraf. Zwar waren meine Großeltern bereits gestorben, aber diese Erfahrung machen ja viele auf dem Weg ins Erwachsenenleben. Ein paar Jahre vor meinem Vater war ein Onkel gestorben, doch mit ihm verband mich kein besonders enges Verhältnis.

Mit dem Tod meines Vaters war zum ersten Mal eines meiner Fundamente weggebrochen. Er war ein Fels in der Brandung gewesen – für mich und viele andere Menschen in seiner Umgebung. Sein Verlust stellte meine Welt auf den Kopf.

Sein Tod traf mich völlig überraschend. Er achtete zwar nicht besonders auf eine gesunde Lebensweise, aber niemand hatte erwartet, dass er sterben würde. Seine Ärzte vermuteten Lungenkrebs, da sie Schatten auf seiner Lunge entdeckt hatten, die auf eine Krebserkrankung hindeuteten. Dad hatte sein Leben lang geraucht, wahrscheinlich schon in der Grundschule.

Am Tag, nachdem er ins Koma gefallen war, fuhr ich zu ihm. Man konnte nicht viel tun. Es gab nicht viel zu sagen. Wir waren nicht sicher, ob er die Krise überstehen würde oder nicht.

Wir waren noch nicht lange auf dem Rückweg, als der Anruf kam. Dad war gestorben. Für mein Empfinden war das alles viel zu schnell gegangen. Ich hatte mich nicht von ihm verabschieden können.

Die Flut an Emotionen, die mich überschwemmte, traf mich unvorbereitet. Mein erster Gedanke auf der Rückfahrt war: »Und wer bestattet jetzt den Bestatter?« In vielen Fällen übernimmt ein Sohn den Familienbetrieb. Ich hatte das nicht getan. Inzwischen war ich bestenfalls ein Zaungast – der Sohn, der sich entschieden hatte, nicht in die Fußstapfen des Vaters zu treten. Der Sohn, der weggezogen war und seine Eltern nur gelegentlich besuchte. Auch meine Schwester Colleen hatte den

Betrieb nicht übernehmen wollen, aber sie lebte wenigstens räumlich etwas näher bei den Eltern. Letzten Endes führte dann meine Mutter das Unternehmen weiter, obwohl sie beim Tod meines Vaters schon neunundsechzig war.

Wir hatten uns auf Dads Tod nicht vorbereitet. Das war ein Fehler. Der Tod war schließlich unser »Business«! Ich kann mich an keine einzige Unterhaltung mit meinen Eltern erinnern, in der das Thema zur Sprache gekommen wäre oder wir erfahren hatten, was sie im Falle ihres Todes von uns erwarteten. Ich wusste nicht, ob Dad besondere Wünsche hatte. Er sagte oft, die Details der Bestattung müssten die Hinterbliebenen entscheiden. Über seine Wünsche sprachen wir nie.

Mom hatte kein gültiges Testament von ihm und musste ein vierzig Jahre altes Dokument ausgraben, das die geschäftlichen Rahmenbedingungen regelte.

Warum waren wir diesem Thema aus dem Weg gegangen? Sterben ist ein Teil des Lebens. Wir werden alle sterben, das steht zu hundert Prozent fest. Unsere Familie hatte die Aufgabe, den Familien des Orts nach dem Tod eines Angehörigen beizustehen, aber in unserem Haushalt wurde das Thema nicht angerührt.

Wenn ich beschreiben soll, welche Beziehung ich zu meinem Dad hatte, weiß ich gar nicht, wo ich anfangen soll. Sicher hat jeder Geschichten über gute und schlechte Zeiten mit seinen Eltern auf Lager, und so geht es mir auch. Manchmal fühlte ich mich Dad sehr nahe, dann wieder kam er mir unglaublich distanziert und unbeteiligt vor. Ich wusste, dass er meine Schwester und mich liebte, aber es gab Zeiten, in denen es ihm schwerfiel, diese Liebe zu zeigen. Wenn er es jedoch tat, dann in überreichem Maß.

Mein Vater schärfte uns von früh an ein, dass man hart arbeiten muss. Ich weiß noch, wie ich einmal Geld für einen Schulausflug brauchte. Dad gab mir das Geld nicht einfach, ich musste es mir »verdienen«. An diesem Tag beschloss er, dass ich ihn dazu bei einem Spiel schlagen müsse. Wir holten einen riesigen Pappkarton, der so groß war, dass man ihn leicht als Spielhaus für drei oder vier Kinder hätte nutzen können. Wir falteten die Laschen nach innen und spielten »Basketball«, wobei der Karton als Korb diente. Ich war noch ziemlich klein und kein guter Basketballspieler, aber den großen »Korb« traf ich. Trotzdem gewann ich nicht. Mein Dad hielt nichts davon, Kinder gewinnen zu lassen, nur weil sie Kinder sind. Gewinnen war kein Spaß.

Dad brachte mir schon sehr früh Schachspielen bei. Er besaß ein originelles Set mit wunderbar glatten, glänzenden Figuren. Er zeigte mir eine Eröffnung, die sogenannte Sizilianische Verteidigung, die ich von nun an ständig verwendete. Wir spielten von früh bis spät. Ich weiß nicht, wie lange es dauerte, bis ich endlich zum ersten Mal gewann. Mir war zuerst gar nicht klar, dass ich Dad schachmatt gesetzt hatte.

Auch Monopoly spielten wir unermüdlich. Oft begannen wir alle zusammen, mit Mom und Colleen. Irgendwann saßen dann Dad und ich uns allein gegenüber und spielten Stunde um Stunde weiter. Eines unserer Spiele zog sich tatsächlich über mehrere Tage hin.

Und dann gab es da noch Binokel, ein Kartenspiel, nach dem die ganze Familie verrückt war. Meines Wissens liegen in meinem Elternhaus noch Zettel herum, auf denen die Ergebnisse längst vergangener Spiele dokumentiert sind. Ich werde nie den Tag vergessen, an dem ich mich zu den Großen an den Tisch setzen und mitspielen durfte. Ich fühlte mich geehrt, weil man mich für erwachsen genug hielt, aber auch, weil meinetwegen ein Erwachsener aussetzen musste. Die anderen Spieler hatten unendlich viel Geduld mit mir. Binokel ist ein komplexes Kartenspiel mit vielen Nuancen, die man beachten muss. Die anderen schienen mir immer drei Schritte voraus zu sein, und ich hatte keine Ahnung, wieso sie so gut waren. Einmal waren mein Vater und ich Partner, und er hatte das Reizen gewonnen. Ich war überglücklich, weil ich in der Farbe, die Dad angesagt hatte, eine Familie auf der Hand hatte. Übereifrig spielte ich sofort Trumpf aus. Ich hatte es vermasselt! Wir mussten abschreiben lassen. Dieses Spiel habe ich nie vergessen. Mein Dad war schrecklich enttäuscht, aber er erklärte mir trotzdem geduldig, was ich machen sollte, falls sich die Situation wieder einmal ergab.

Dazu kam es zwar nicht, aber die Lektion habe ich nie vergessen: Um gewinnen zu können, muss man dazulernen wollen.

Die Sonderwünsche, die ich hatte, musste ich mir verdienen. Mom und Dad hielten es für richtig, dass wir neue Sneaker bekamen, wenn wir sie brauchten. Aber wenn es die »angesagten« sein mussten oder bessere als die, die es im örtlichen Kaufhaus gab, mussten Colleen und ich für den Preisunterschied aufkommen. Als ich in das Abfahrtski-Team wollte, bezahlte ich die Ausrüstung selbst.

Das Geld verdiente ich mir durch Jobs bei meinem Dad. Die meisten Söhne, die für ihre Väter arbeiten, stimmen mir sicher zu, dass das keine ganz leichte Situation ist. Ich hatte zwar schon mit elf Zeitungen ausgetragen, aber in meiner Schulzeit jobbte ich hauptsächlich als »Helfer« im Bestattungsunternehmen. Ich hatte die Aufgabe, den Rasen zu mähen, den Leichenwagen zu waschen und die Gehwege frei zu schaufeln. Im nördlichen New York ist das Schneeschippen im Winterhalbjahr die reinste Sisyphusarbeit. Oft musste ich, wenn ich fertig war, gleich wieder von vorn beginnen.

Mein Vater erwartete, dass ich jeden Job sorgfältig erledigte. Wenn ich nicht richtig aufpasste und einen klitzekleinen Grasrand stehen ließ, musste ich noch einmal mähen. Am besten behob ich Fehler gleich und wartete nicht darauf, dass Dad mich darum bat. Er erwartete von mir, dass ich meine Fehler korrigierte, sonst bekam ich kein Geld.

Die Leichenwagenwäsche konnte ich am wenigsten leiden. Leichenwagen sind hoch. Das Dach war schlecht zu erreichen. Außerdem war es schwarz, und ich musste es trocken reiben, bevor sich Wasserflecken bildeten. Die Radkappen hatten Speichen, mindestens fünfzig pro Rad. Ich verbrachte zahllose Stunden damit, sie mit einer Zahnbürste zu reinigen. Oh, wie ich das hasste! Warum konnte unser Leichenwagen keine normalen Radkappen haben! Wenn ich damit endlich fertig war, ging es mit der Säuberung der Weißwandreifen weiter. Die Arbeit am Leichenwagen war eine zeitraubende Plackerei. Immer wenn jemand starb, musste ich von vorn anfangen.

Mit den Jahren wuchs mein Verantwortungsbereich. Ich arrangierte die Blumen, stellte die Stühle auf und putzte vor den Besuchszeiten den Raum. Manchmal half ich Dad sogar, Verstorbene aus ihren Wohnungen zu holen und Särge herumzurollen. Mein Dad achtete darauf, dass all diese Arbeiten äußerst gewissenhaft erledigt wurden.

Erst viel später begriff ich, welche Leitsätze mein Vater mir in dieser Zeit mitgegeben hatte. Vielleicht war es auch kein bewusstes »Weitergeben«, sondern Lebensregeln, die sich mir wie nebenbei einprägten.

1. Sei stolz auf deine Arbeit.
2. Mach es gleich beim ersten Mal richtig.
3. Bei deiner Arbeit geht es nicht immer um dich.

Auch wenn es lästig war, Speichenräder zu säubern, hatte die Mühe einen tieferen Sinn. Es ging nicht nur darum, stolz auf die eigene Arbeit zu sein. Es ging nicht nur darum, eine Arbeit sorgfältig zu erledigen. Es ging um die Ehre, die wir der jeweiligen Familie des Verstorbenen erwiesen. Wir kannten die Bewohner unseres Ortes, auch die Familie des gerade Verstorbenen. Wir mussten ihm, seiner Familie und sogar dem Ort Ehre erweisen. Wir schaufelten den Schnee nicht nur weg, um die Wege frei zu räumen. Das Schneeschippen war nötig, damit die Familienangehörigen sicher in unsere Räume gelangen konnten und nicht auf dem Gehweg ausrutschten und stürzten. Angehörige und Freunde trugen schon schwer genug am Tod des geliebten Menschen. Sie sollten sich nicht auch noch über glatte Wege zum Bestattungsinstitut quälen müssen. Mein Job war es, ihnen diesen Weg so leicht wie möglich zu

Tue alles, was du tust, so als ob es große Bedeutung hätte.

William James

Da nur wenige Monate nach dem Tod meines Vaters bei mir Krebs festgestellt wurde, hatte ich keine Chance, in Ruhe um ihn zu trauern, denn jetzt musste ich um mich selbst trauern. Meine Gefühle beim Tod meines Vaters wurden von meinen eigenen Todesängsten in den Schatten gestellt.

Erst kürzlich habe ich gemerkt, wie intensiv ich meinen Vater vermisse. Ich erzählte während eines Radiointerviews von meiner Servietten-Idee, als plötzlich das Bild meines Vaters vor meinem inneren Auge erschien. »Ich bin ein Vater mit einer Mission, und meine Mission ist es, jeden Vater und jede Mutter zu erreichen. Ich will sie alle dazu bringen, dass sie ihren Kindern schreiben. Ich will, dass diese Eltern sich verpflichten, ihnen kurze Botschaften zu schreiben, egal, ob einmal am Tag oder einmal in der Woche. Mein Vater ist vor zwei Jahren gestorben und … ich würde alles darum geben, eine kleine Notiz oder einen Brief von ihm zu haben. Aber dazu ist es zu spät.«

Ich würde alles darum geben, eine kleine Notiz oder einen Brief von ihm zu haben. Aber dazu ist es zu spät.

Plötzlich überwältigten mich die Gefühle, und ich musste ein paarmal tief durchatmen, damit ich weitersprechen konnte. Eine tiefe Trauer durchströmte mich. In diesem Moment dachte ich nicht an Emma, die vielleicht ihren Vater verlieren würde, sondern spürte nur meinen eigenen Verlust.

Mom hörte das Interview. Sie wusste, dass sich im Haus etwas Schriftliches finden würde, das als Brief von Dad durchgehen könnte. Sie wühlte in Kisten mit alten Zeugnissen, Buntstiftzeichnungen, Basteleien und Urkunden.

Dann fand sie etwas. Sie schickte Colleen und mir je eine Kopie. Schon als ich den Umschlag aufriss, wusste ich, worum es sich handelte. Ich hatte die Handschrift meines Vaters sofort erkannt. Betroffen schob ich den Brief in den Umschlag zurück und brach in Tränen aus. Obwohl es genau das war, wonach ich mich so gesehnt hatte, brachte ich es nicht über mich, seine Zeilen gleich zu lesen. Ich hatte gerade meine vierte Krebsdiagnose bekommen und wollte jetzt keinen Brief von meinem verstorbenen Vater. Es war mir alles zu viel.

Ein paar Monate später holte ich den Brief schließlich wieder hervor. Er war das Ergebnis einer Schreibübung, die meine Eltern 1978 bei einem Begegnungsseminar für Ehepaare absolviert hatten:

Liebe Familie,

die meiste Zeit bin ich sehr stolz auf das, was Garth und Colleen in der Schule leisten.

Euer Dad war ein fauler Schüler, und jetzt schäme ich mich für die Noten, die ich in der Grundschule bekommen habe – wenn ihr meine alten Zeugnisse sehen könntet, hättet ihr große Lust, mich übers Knie zu legen und zu verdreschen!

Wenn Mommy und ich zu Elternsprechtagen gehen oder eure

Lehrer zufällig treffen, sagen sie fast immer großartige Sachen über euch und eure Arbeit – das gibt mir ein warmes Gefühl im Bauch.

Manchmal bin ich ein bisschen enttäuscht, weil ihr für die Fächer, die ihr nicht mögt, so wenig tut – worauf ihr keine Lust habt, das schiebt ihr meistens vor euch her, dabei solltet ihr gerade dafür am meisten tun. Mir macht ihr nichts vor – manche Fächer mögt ihr einfach nur deshalb nicht, weil man dafür viel lernen muss.

Gott war sehr gut zu Mom und mir – er hat uns zwei sehr kluge Kinder geschenkt. In der Regel müsst ihr euch nicht mal anstrengen, um gute Noten zu bekommen, und wenn ihr fleißig seid, bekommt ihr die Bestnote.

Garth – er hat manchmal ein Problem, denn er denkt: »Wenn ich schon der Beste bin, wozu dann noch mehr lernen?« Ich weiß einen Grund: »Gib dir noch mehr Mühe, und du wirst immer der Beste sein.«

Colleen – ich weiß, sie hatte dieses Jahr einen schlechten Start, aber die neue Colleen macht sich großartig. Mrs. O'Connor kann man nicht austricksen, und sie würde mich nicht belügen.

Also, kurz gesagt, ich bin glücklich, dass ich zwei Kinder habe, die so fleißig lernen.

Amen,
Dad

Das sind die einzigen handschriftlich verfassten Worte, die ich von meinem Vater habe. Vielleicht gibt es noch mehr, aber bisher sind sie nicht aufgetaucht.

Viel ist es nicht, aber ich bin trotzdem froh darüber. Sie erinnern mich an Dads Fürsorge und Wärme. Er kannte mich gut. Ich hatte in der Schule nie große Probleme, aber wenn mich etwas nicht interessierte, beschäftigte ich mich einfach nicht damit. Das Bruchrechnen zum Beispiel fiel mir schwer. Im Jahr davor hatte ich mit der Multiplikation gekämpft. (Inzwischen mag ich Mathematik, Gott sei Dank!) Ich erinnere mich an ein Abendessen, bei dem mir das Bruchrechnen zum Verhängnis wurde. Mom war für eine Woche nach Saranac Lake gefahren, denn ihr Vater, Grandpa Keough, hatte Krebs, und es ging ihm nicht gut. Mom war ausgebildete Krankenschwester und wollte sich um ihn kümmern. Am Wochenende vor ihrer Abreise kochte sie vor und fror das Essen ein. Einmal wollten wir Erbsensuppe auftauen, und Dad entschied, dass ich dazu Maisbrot backen sollte. Ich holte mir eine Schachtel »Jiffy Corn Muffin Mix« aus der Vorratskammer und warf einen Blick auf das Rezept. Da stand etwas von ⅓ Tasse Milch. Ich interpretierte das als ein Maß von drei Tassen Milch. Also goss ich drei Tassen Milch in die Schüssel und staunte. Das sah doch sehr nach Suppe aus! Ich hatte keine Ahnung, was ich falsch gemacht hatte, und bat schließlich Dad um Hilfe.

Dad war ein sparsamer Mensch. Er war in bescheidenen Verhältnissen aufgewachsen, und eine Schachtel »Jiffy Cornbread« wegzuwerfen kam nicht infrage. Seine Lösung? Mehr Teigmischung dazukippen, bis der Teig die richtige Konsistenz hatte. Das Ergebnis: Wir aßen tagelang Maisbrot.

Hätte ich seinen Brief nicht gelesen, wäre diese Erinnerung vermutlich nie wieder aufgetaucht.

Wir leben in einem digitalen Zeitalter. Ich bin ein Technikfreak, ich liebe mein Tablet und mein Smartphone, kommuniziere per SMS und E-Mail. Aber ein handschriftlicher Brief ist etwas Bleibendes. Klicken Sie je alte E-Mails an, um sie noch einmal zu lesen? Wohl kaum. Aber wenn man in einer Schublade etwas Handschriftliches findet, stehen die Chancen gut, dass man innehält und es liest. Man denkt an den Absender, alte Erinnerungen steigen auf, die charakteristische Handschrift setzt Gefühle frei …

Warte nicht, bis alles genau richtig ist.
Der Zeitpunkt wird niemals perfekt sein.

Napoleon Hill

Wie viele Servietten ich beschrieben habe, kann ich wirklich nicht mehr sagen. Selbst wenn ich wüsste, wie viele Emma von mir bekommen hat, fehlen zur Gesamtzahl noch diejenigen, die ich seit dem vorigen Jahr an Freunde verschicke – und an Leute, die ich nicht kenne, die jedoch dringend eine kleine Ermunterung brauchen. Von einigen Krebspatienten wusste ich, dass ihnen solche Botschaften Kraft geben würden. Oft recherchierte ich heimlich ihre Adresse, schrieb eine Handvoll Notizen und schickte sie los. Gewöhnlich »vergaß« ich, den Absender zu nennen. Mir gefiel die Vorstellung, dass ich jemandem eine Überraschung bereitete und der Adressat keine Ahnung hatte, woher sie stammte.

Aber auch ich selbst bekam einige Botschaften. Ich halte jede einzelne in Ehren. Gott schien genau gewusst zu haben, wann ich eine brauchte, und verschaffte sie mir zur richtigen Zeit.

Meinen ersten Brief bekam ich kurz nach der dritten Diagnose. Es war eine besonders schwierige Zeit für mich. Angefangen hatte sie mit einer Terminkollision zwischen einem CT-Scan und der Prostata-Biopsie. Ich hatte gehofft, beide an einem Tag absolvieren zu können, aber wegen der Kontrastmittel in meinem Magen konnte ich das Beruhigungsmittel für die Biopsie nicht einnehmen. Ich hatte keine Lust zu warten, aber ich erinnerte mich noch gut daran, wie schmerzhaft die letzte Biopsie gewesen war und dass ich mir geschworen hatte, sie nie wieder ohne örtliche Betäubung durchzustehen. Ich war sauer, aber gleichzeitig wild entschlossen, mich der Biopsie zu unterziehen, und wenn sie noch so schmerzhaft war.

Glücklicherweise gab es Kaky, die bei allen Prostata-Biopsien assistierte. Sie ist eine warmherzige und umsichtige Krankenschwester, der ihre Patienten wirklich am Herzen liegen. Sie wusste, dass ich die Biopsie ohne das ersehnte Sedativum auf mich nahm.

Ich ließ die Prozedur über mich ergehen und wischte mir anschließend ein paar Tränen weg. Kaky hatte erfahren, dass ich gerade einen CT-Scan hinter mir und seit dem Vortag nichts gegessen hatte, und sie sorgte dafür, dass ich Ginger-Ale und ein paar Cracker bekam. Während ich an den Crackern knabberte, plauderten wir über die Serviettenbriefchen, über die Kaky in einem Zeitungsartikel gelesen hatte. Das war eine willkommene Ablenkung von den Schmerzen in meinem Hinterteil.

Einen Tag später stellte sich heraus, dass ich erneut Nierenkrebs hatte, und wieder mussten neue Kampfstrategien geplant werden.

Serviettenbrief von Kaky,
17. November 2013

Der Brief kam in einem ganz gewöhnlichen Umschlag. Ich hatte keine Ahnung, was er enthielt. Nach einer Arztrechnung sah er nicht aus, und darüber war ich schon mal sehr froh.

Aber als ich den Umschlag öffnete, blieb mir fast die Spucke weg. Da hatte mir doch tatsächlich jemand eine Serviette geschickt! Bis zu diesem Moment hatte immer nur ich Botschaften verfasst – für andere Menschen, meistens für Emma. Ich war nicht darauf gefasst, selbst eine zu bekommen.

Hey Mr. Callaghan,

ich fand, Sie sollten auch mal einen Serviettenbrief bekommen.
Ich wollte Ihnen sagen, dass es mich freut, Sie kennen gelernt zu haben, und was für eine Inspiration Ihre Geschichte ist. Ich bin neulich wieder auf den Zeitungsartikel gestoßen und habe ihn vielen Leuten gezeigt. Danke für Ihre Geschichte, die so viele Menschen berührt. Machen Sie weiter so!

Herzliche Grüße
Kaky Minter

Als Postskriptum hatte sie hinzugefügt: »Der sicherste Weg zum Erfolg ist, immer noch einen Versuch zu wagen.«

Schon wieder bekam ich feuchte Augen. Mann, dieser Krebs machte mich zu einer echten Heulsuse. Ich schüttelte ungläubig den Kopf. Kakys letzter Satz traf genau ins Schwarze. Der Kampf gegen den Krebs ist langwierig. Er erfordert eine Menge Konzentration und Energie. An manchen Tagen sind meine Batterien fast leer, aber ich versuche, mir meine Schwäche nicht anmerken zu lassen, damit sich meine Familie keine Sorgen macht. Die Serviettenbriefchen füllen auf Wochen hin meine geistigen und seelischen Reserven wieder auf.

Emmas erste Botschaft an mich, 13. Januar 2014

Am 13. Januar 2014 bekam ich zum ersten Mal eine Serviette von meiner Tochter. Sie hatte sie heimlich in meine Lunchbox gelegt. An jenem Morgen ging ich wie an jedem anderen Arbeitstag zur Firma. Ich hatte mir mein Frühstück und mein Mittagessen mitgebracht. In der Pause unterhielt ich mich mit meinen Kollegen und klappte die Lunchbox auf, um mein Müsli herauszuholen. Daneben lag eine Papierserviette. Merkwürdig – ich hatte doch gar keine eingepackt … Erst nach einer Weile dämmerte mir, dass wahrscheinlich jemand anders sie dorthin gelegt hatte.

Ich konnte es kaum erwarten, sie zu lesen. Als ich die Serviette auseinanderfaltete, las ich:

Wenn meine Freunde tatsächlich von der Klippe gesprungen sein sollten, dann nur, weil ich es ihnen gesagt hätte. Ehrlich, deine Tochter ist eine Anführerin, keine Mitläuferin.

PS: Ich glaube, du hast alle Servietten aufgebraucht.

Emma hatte meinem Mittagessen eine Nachricht beigelegt! Ich war überwältigt. Aufgeregt lief ich mit der Serviette in der Hand im Büro herum und zeigte sie jedem, den ich zu fassen bekam.

Als ich an diesem Abend nach Hause kam, nahm ich sie spontan in die Arme und fragte, wie sie darauf gekommen sei.

Sie holte tief Luft. »Dad, ich tue nicht genug für dich. Du bist immer für mich da. Und heute ist mir einfach was Tolles eingefallen, was ich dir auf die Serviette schreiben konnte.«

Emmas zweiter Serviettenbrief,
15. Januar 2014

Dann passierte es wieder. Emma schmuggelte eine Nachricht in meine Tasche, bevor ich zur Arbeit aufbrach. Sie lautete:

Einen Pfeil kann man nur abschießen, indem man ihn nach hinten zieht. Wenn das Leben dich zurückhält, dann tut es das, weil es dich in eine großartige Zukunft katapultieren will!

Das Leben hatte mich in der Tat zurückgehalten, obwohl ich mich mit allen Kräften gegen diese Blockade wehrte. Es war ein langer Winter gewesen, und ich war müde. Ich wollte nicht mehr kämpfen. Der Kampf kostete an mehreren Fronten viel Kraft.

An diesem Tag passierte noch etwas anderes sehr Erfreuliches. Unsere Heizpumpe war uralt. Ihre Lebensdauer war im Grunde längst abgelaufen. Ich hatte mich den ganzen Winter hindurch gefragt, wann sie wohl den Geist aufgeben würde. An jenem Nachmittag erhielt ich einen Anruf der Firma James River Air Conditioning: Man räumte uns einen erklecklichen Rabatt auf ein neues Kühl-Heiz-System ein. Nun konnten wir uns auf einen angenehmen Sommer freuen. An jenem Tag war ich der Pfeil.

Terry Martin,
7. März 2014

Es war Frühjahr geworden. Eines Tages schaute ich in der Kirche vorbei, um mit dem Großritter des Ordens der Kolumbus-Ritter zu plaudern. An die Kolumbus-Ritter meiner Kirchengemeinde war ich herangetreten, als mich Glaubenszweifel quälten. Die Vereinigung hatte es sich unter anderem zur Aufgabe gemacht, katholischen Familien zu helfen, deren Ernährer gestorben war. Ich machte mir große Sorgen, dass meine Familie auf einem Stapel Arztrechnungen sitzen bleiben könnte.

Die örtliche Gruppe der Kolumbus-Ritter bedeutete mir bald viel mehr, als ich je für möglich gehalten hätte. Nach wenigen Monaten trat ich dem Orden bei. Jedes Treffen begann mit Gebeten, in denen die gesamte Gruppe Gott darum bat, dass mein

Kampf Erfolg haben würde. Die Ritter nahmen mich mit offenen Armen in ihrer Gruppe auf. Bei ihnen fühlte ich mich gut aufgehoben und geborgen.

Ich hatte an jenem Freitag nicht vorgehabt, an dem wöchentlichen Fischessen teilzunehmen, und außerdem wollte Lissa zu Hause kochen. Während ich mich mit einem der Ritter unterhielt, kam ein anderer dazu und fragte, ob ich nicht zum Essen bleiben wolle. Ich erwiderte, wir hätten andere Pläne, aber er winkte ab. Gut, dann würden sie mir für meine Familie eben zwei Portionen mitgeben.

Das war unglaublich nett. Ich war ihnen sehr dankbar. Ihre Fürsorglichkeit bedeutete, dass Lissa nicht kochen musste. Ihre Rücksichtnahme entlastete uns und zeugte von Verständnis für unsere Situation.

Voller Vorfreude kam ich nach Hause. Wir füllten unsere Teller aus dem großen Behälter, den ich mitgebracht hatte, und machten es uns vor dem Fernseher bequem. Emma war die Letzte, die sich den Teller füllte, und sie war es auch, die ganz unten in der Tüte die Serviette fand:

Garth,
du berührst die Menschen auf eine so positive Art …
Du bist eine Inspiration, und ich bewundere dich sehr.
Terry

Das stammte von dem Mann, der mich bei den Kolumbus-Rittern eingeführt hatte.

Ich war ehrlich verblüfft, dass ich diese Botschaften immer dann bekam, wenn ich eine Aufmunterung brauchte und daran erinnert werden musste, dass mein Handeln einen Sinn hatte und es siegreiche Momente gab, selbst wenn sich zeitweise alles wie eine große Niederlage anfühlte.

Worte sind etwas Wunderbares. Sie können niederreißen und aufbauen. Wir können uns ihre Kraft jeden Tag zunutze machen.

Such dir ein Team, das besser ist,
als du allein es wärst

Ich hatte unwahrscheinliches Glück mit meinen Arbeitsteams. Sie waren alle leistungsfähiger, als ich es allein gewesen wäre. Meine Mitarbeiter bei Circuit City nahmen problemlos Anweisungen entgegen und setzten sie eigenständig um. Sie erreichten die gesteckten Ziele, auch wenn ich nicht dabei war. Sie handelten unabhängig und waren großartige Troubleshooter. Ich konnte darauf bauen, dass sie gute Arbeit leisten.

Als ich später in einer anderen Firma tätig war, lernte ich, am Anfang eines Projekts die Richtung vorzugeben und es dann laufen zu lassen. Wenn nötig, bot ich Orientierungshilfe. Wir wurden oft in kleine Gruppen aufgeteilt und konnten nicht miteinander kommunizieren. Wir mussten sicher sein, dass jeder die ihm gestellte Aufgabe meistern würde. Ich engagierte nicht nur starke Mitarbeiter, sondern auch Menschen, die meine eigenen Schwächen ausgleichen konnten.

Stell dir ein Team zusammen, das besser ist, als du allein es wärst. Das gilt auch für deine Familie. Und für den Beruf. Unterstütze dein Team und lass zu, dass es dich unterstützt.

Weißt du noch,
was du alles machen wolltest?
Leg los.

In Liebe, dein Dad

19

Nebenwirkungen

Es war Februar. Seit zehn Tagen nahm ich offiziell das neue Medikament, das meinen Nierenkrebs in Schach halten sollte. Es war Zeit für meine Halbjahresuntersuchung. Und? Richtig geraten: noch mehr Krebs. An der Niere. Drei bis fünf Wucherungen. Und etwas auf der verbliebenen Nebenniere.

Zum Glück schluckte ich das Medikament schon, das die Ärzte mir ohnehin verschrieben hätten. Dr. Swainey redete diesmal Klartext: »Dieses Medikament ist die beste und letzte Möglichkeit, die wir haben. Wenn es nicht anschlägt, müssen wir improvisieren. Wir haben natürlich noch Plan B und Plan C und könnten uns wahrscheinlich bis Plan K durcharbeiten. Aber ich hoffe wirklich, dass dieses Medikament anschlägt.«

Das Zeug ist echt grauenhaft. Ich fühle mich miserabel, sterbenskrank. Aber wenn es mich am Leben hält, werde ich es selbstverständlich nehmen.

Es gibt gute und schlechte Tage. Alles in allem fühle ich mich nicht gerade toll. Ich wusste, dass es schlimm werden würde, aber so schlimm … Die vielen Nebenwirkungen machen mich fertig:

- Durchfall (stimmt auffallend)
- Müdigkeit (stimmt)
- Übelkeit (stimmt)
- Veränderung der Haarfarbe (stimmt)
- Geschmacksverlust (stimmt – die meisten Dinge schmecken wie Schwarzweiß, aber ich will in einer bunten Welt essen)
- Appetitlosigkeit (stimmt – ich habe fast zehn Kilo abgenommen)
- Erbrechen (nur einmal, aber das war grässlich)
- Schmerzen im linken Oberbauch (stimmt)
- Neigung zu Blutergüssen (stimmt)
- unregelmäßiger oder schneller Puls (stimmt)
- Ohnmachtsanfälle (noch nicht, Gott sei Dank)
- Nasenbluten (stimmt – ich bin begeistert, wenn aus meiner Nase Blut tropft …)
- Hoher Blutdruck (stimmt)
- Schilddrüsenstörung (stimmt)

Damit wir uns nicht missverstehen: Ich bin dankbar – ja, wirklich dankbar –, dass ich dieses Medikament nehmen kann. Es bietet mir die beste Chance. Die Herausforderungen, die damit verbunden sind, versuche ich Schritt für Schritt zu meistern.

Jemand fragte mich neulich, ob es sich um eine Chemotherapie handele. Nein, damit ist die Behandlung nicht im Mindesten vergleichbar. Man könnte sagen, sie ist »*wie* eine Chemo«, nur nehme ich das Medikament täglich und habe keine Verschnaufpause. Ich erlebe nicht alle Nebenwirkungen gleichzeitig, aber die unangenehmeren kenne ich alle.

Jede zweite Woche muss ich zu einer Blutuntersuchung, weil zu den potenziellen Nebenwirkungen auch Leberversagen gehört. Neulich hatte ich einen Arzttermin, zu dem mich Lissa begleitete. Der Arzt hatte das Medikament für ein paar Tage abgesetzt, weil meine Leber angegriffen schien. Er machte sich Sorgen wegen des kumulativen Effekts der Nebenwirkungen. Ich war in einer schlechten Verfassung und vertrug das Mittel nicht.

Trotzdem wehrte ich mich gegen seinen Vorschlag, mir eine Pause zu gönnen. »Ich bin ein Hochdosispatient. Ich möchte zu Protokoll geben, dass ich das nicht will.«

Er grinste ein wenig und antwortete: »Ist vermerkt.«

Aus einer Auseinandersetzung mit ihm würde ich nicht als Sieger hervorgehen, das wusste ich, und schon gar nicht, solange Lissa im Raum war. Sie kannte die Situation, und sie wusste, dass mein Körper an seine Grenzen geraten und nicht beliebig belastbar war. Besorgt fragte sie den Arzt: »Und wie lange wird er das Mittel nehmen müssen?«

Der Arzt sah sie an. *Für immer.*« Er betonte jede Silbe, als seien die Worte für sich genommen noch nicht dramatisch genug.

Ich werde also dieses Mittel voraussichtlich bis zum Lebensende einnehmen.

Lassen Sie diese Tatsache einmal auf sich wirken: Was würden Sie machen? Sie würden diese verdammte Medizin wohl auch nehmen und Ihrem Körper die Chance geben wollen weiterzuleben. Die Kinder aufwachsen zu sehen. Die Welt aus den Angeln zu heben.

Was würden Sie für Ihr Überleben alles tun?

Genau das. Und so geht es mir auch. Ich werde diese Medikamente schlucken, und wenn es nötig ist, bis ans Ende meiner Tage.

Jeden Abend gehe ich, bevor ich mich hinlege, ins Bad, nehme die Tablettenröhrchen vom Regal und schütte die Tabletten in meine hohle Hand. Ich schließe die Augen und bete: »Lieber Gott, bitte mach, dass dieses Medikament meinen Krebs vernichtet.« An manchen Tagen brauche ich den Zusatz: »Und wenn es möglich ist, mach bitte, dass die Nebenwirkungen nachlassen.« Meistens verzichte ich auf den Zusatz. Ich weiß, was wirklich wichtig ist.

Und auch in Zukunft werde ich inmitten dieser chaotischen Mixtur aus Medizin und Nebenwirkungen ab und zu innehalten und Atem holen. Ich werde Emmas Lunch packen. Ich werde ein Serviettenbriefchen schreiben. Ich werde einmal mehr mit ihr in Kontakt sein.

Packen. Schreiben. In Kontakt bleiben. Immer wieder.

Es ist in Ordnung, ein wenig überqualifiziert zu sein

Einem der besten Assistant Manager begegnete ich bei Circuit City. Alan war menschlich wie beruflich ein großer Gewinn. Ihm wurde mehrfach eine Beförderung zum Store Manager angeboten, aber er war zufrieden mit seiner Stelle und wollte sich die zusätzliche Verantwortung (sprich: den Stress) nicht aufbürden, den die Position eines Store Managers mit sich bringt. Er wollte Zeit haben für seine große Leidenschaft, die Musik; er war ein fantastischer Drummer.

Alans Entscheidung gegen eine Beförderung nötigte mir großen Respekt ab. Er wusste, was er von seinem Job wollte, und fühlte sich als Assistant Manager wohl, obwohl er für einen anspruchsvolleren Job mehr als qualifiziert war.

20

Was mich am Leben hält

Mit den eigenen Gedanken allein zu sein ist nicht ungefährlich. Besonders für einen Krebspatienten.

Als ich zum ersten Mal erfuhr, dass ich Krebs hatte, war ich allein. Ich hörte die gefürchteten Worte »Sie haben Krebs«, und von da an lief alles wie in Zeitlupe ab. Es wurde noch viel gesagt, Erklärungen und erste Behandlungsoptionen rauschten an mir vorbei, aber nichts davon kam wirklich bei mir an. Ich war vollkommen allein. Niemand stärkte mir den Rücken. Niemand achtete auf das, was der Arzt sagte, weil ich es nicht konnte. Ich verließ die Praxis, setzte mich in mein Auto und fuhr nach Hause. An jenem Nachmittag war ich ungefähr drei Stunden allein. Seitdem nie wieder.

Meine gesamte Familie hat Krebs. Die Krebszellen befinden sich nur in meinem Körper, aber die Krankheit hat uns alle fest im Griff. Lissa, Emma, meine Mutter und meine Schwester spüren ihre bösartigen Auswirkungen. Wir fühlen uns alle krank. Wir machen uns alle Sorgen. Wir gehen zusammen zu Arztterminen. Wir warten gemeinsam auf die Ergebnisse. Seitdem ich die Medikamente nehme, haben wir schlechte Tage. Wenn die MRT-Resultate gut sind, feiern wir das gemeinsam.

Ich bin von fürsorglichen Menschen umgeben. Ohne sie wäre ich oft verloren.

Lebenselixier 1:
Emma

Nach meiner ersten Krebsdiagnose hielt sich Emma meinem Eindruck nach sehr tapfer. Unser allererstes Gespräch über meine Krankheit war nicht einfach, Ängste kamen zum Vorschein, und Tränen flossen. Ich musste sichergehen, dass sie verstand, was der Krebs konkret für uns bedeutete, und auch die medizinische Seite kannte. Danach wirkte sie auf mich wieder wie die ganz normale Emma. Ich fing nicht ständig besorgte Blicke auf, und sie machte kein allzu trauriges Gesicht.

Ich wusste nicht, dass sie ihre Sorgen mit Lissas Hilfe vor mir verheimlichte, in bester Absicht natürlich. Erst sechs Wochen nach meiner ersten Operation ging mir ein Licht auf. Sie wussten, dass ich unter Stress stand und von vielen Ängsten geplagt wurde, und so hielten sie alle zusätzlichen Probleme von mir fern.

Gewöhnlich brachte Lissa unsere Tochter ins Bett, und die beiden kuschelten immer noch ein bisschen. Ich schaute meist auch kurz im Kinderzimmer vorbei und gab Emma einen Gutenachtkuss, aber ich wollte sie in ihrer Zweisamkeit nicht stören. Später erfuhr ich, dass sie in dieser Zeit über mich, den Krebs, die Operation und alle anderen Themen gesprochen hatten, die uns damals beschäftigten.

Emma litt mit mir, das weiß ich. Ich war nicht mehr so energiegeladen wie früher. Ich ließ Gelegenheiten verstreichen, mit ihr zu spielen. Sie hat seit zwei Jahren kein regelmäßiges Taschengeld mehr bekommen. Wir haben sie 2014 zu spät zum Softball angemeldet, und sie schaffte den Sprung von der Warteliste ins Team nicht. (Am Ende fand sich dann doch eine Lösung: Sie spielt jetzt im Team der Nachbargemeinde.)

Sie akzeptiert, dass ich gegen die Krankheit ankämpfe, und hilft mir sogar dabei. Ihre schlimmsten Tage sind die, an denen es mir nicht gutgeht. Wenn ich leide, fühlt sie sich ohnmächtig. In solchen Momenten kümmert sie sich um mich, holt mir eine Decke oder etwas zu trinken und verzichtet klaglos auf ihr Abendritual. Dann kommt sie, zieht die Decke zurecht und gibt mir einen Kuss. Vierzehn Jahre lang habe ich sie zugedeckt. Jetzt deckt sie mich zu.

Emma war auch so nett, mir zu erlauben, dass ich unsere Geschichte erzähle. Sie hat mir sogar dabei geholfen. Wenn ich meine vierzehnjährige Tochter bei ihren Auftritten im Fernsehen betrachte und sehe, mit wie viel Eleganz und Souveränität sie bohrende Fragen nach einem Leben ohne mich beantwortet, bin ich immer wieder sprachlos. Sie ist ein Mensch, den ich bewundere und achte.

Lebenselixier 2: Colleen

Meine Schwester Colleen und ich standen uns als Kinder nicht besonders nah, ohne dass ich so recht wüsste, warum. Wir sind nur zweieinhalb Jahre auseinander, aber es war für sie bestimmt nicht leicht, einen älteren Bruder wie mich zu haben. Unsere Eltern hatten uns häufig gezwungen, miteinander zu spielen, indem sie uns Spielzeug schenkten, bei dem wir aufeinander angewiesen waren. Diese Taktik endete häufig in Streit, Tränen und blauen Flecken.

Glücklicherweise wurde mein Verhältnis zu Colleen im Lauf der Jahre allmählich entspannter und enger. Heute vergeht kaum ein Tag ohne eine SMS von ihr. Wir tauschen Bilder von unseren Kindern. Ich bin froh, sie als Schwester zu haben. Sie ist mir eine zuverlässige Stütze und macht mir Mut. Ich wünschte, wir würden nicht so weit voneinander entfernt wohnen. Wir sehen uns nur ungefähr einmal im Jahr, und das ist mir zu wenig.

Ich weiß, dass Colleen und ihr Mann Rob alles in ihrer Macht Stehende tun würden, um mich gesund zu machen und zu unterstützen.

Lebenselixier 3:
Mom

Es muss für jede Mutter schwer sein, ihrem Kind beim Kampf gegen den Krebs zuzusehen, ganz gleich, wie alt es ist. Hin und wieder habe ich versucht, meine Mutter zu schützen. Ich wollte nicht, dass sie eine unzumutbare Last trug, zumal mein Vater gerade gestorben war. Aber sie warf sich mit einem Eifer in den Kampf, als wäre ich immer noch der kleine Viertklässler, der bei ihr zu Hause lebt.

Leider muss sie die meiste Zeit untätig von fern zusehen. Es gibt wenig, was sie aktiv unternehmen kann. Sie versucht, mich aufzubauen, wenn meine Kräfte nachlassen, und freut sich mit mir, wenn ich eine gute Phase habe.

Meine alte Mutter wohnt noch immer in meinem Heimatort Port Leyden. Kurz nach meiner Diagnose im Jahr 2013 ließ sie mich wissen, dass sie eine Benefizveranstaltung für mich organisieren wollte. Ich war überrascht und wusste nicht recht, was das für mich bedeutete, aber sie meinte nur, ich müsse nichts anderes tun, als an dem betreffenden Tag aufzutauchen, falls es mir gut genug ging.

Ich hatte Skrupel, auf diese Art und Weise um Geld zu bitten, Port Leyden ist keine wohlhabende Gemeinde. Wie konnte ich diese Leute um Unterstützung bitten? Ich hoffte immer noch insgeheim, dass der Stapel Arztrechnungen sich irgendwie auf magische Weise in Luft auflösen würde. Aber das passierte natürlich nicht, und auch in Zukunft war nicht damit zu rechnen. Ich würde bis ans Ende meiner Tage Krebs haben, davon waren meine Ärzte überzeugt.

Doch mir war klar, dass Mom ein Ventil für ihre nervliche Anspannung brauchte. Ob sie jemals zuvor eine solche Veranstaltung organisiert hatte, wusste ich nicht, doch ich signalisierte mein Einverständnis. Wenn irgend möglich, würde ich auch kommen.

Daraufhin machten Colleen und sie sich an die Planung. Bis heute weiß ich nicht, was sie alles in Bewegung gesetzt haben, immerhin dauerten die Vorbereitungen drei Monate. Es gab ein Komitee, das aus ungefähr einem Dutzend Menschen bestand – alten Schulfreunden, Nachbarn, Bekannten aus der Kirchengemeinde. Hin und wieder fragte mich Mom nach meiner Meinung zu einem bestimmten Aspekt der Veranstaltung. Einmal rief sie an, als ich gerade mit der unterstützenden Therapie begonnen hatte und sehr unter den Nebenwirkungen litt. Ich bat sie, mich von nun an außen vor zu lassen. Ich hätte

nichts dagegen, mich von den Ereignissen in Port Leyden über-
raschen zu lassen, erklärte ich ihr. Sie würden alles wunderbar
organisieren, davon sei ich überzeugt.

Am Abend vor dem großen Ereignis flog ich zu ihr. Es war
ein langer Flug, an den sich eine neunzigminütige Autofahrt
vom Flughafen ins Hotel anschloss.

Am Samstag wachte ich viel zu früh auf. Ich frühstückte in
der Lobby und nutzte die freie Zeit, um ein paar Sätze zu schreiben. Es war noch dunkel draußen, meine liebste Tageszeit, aber
leider hat ein Krebspatient kein großes Durchhaltevermögen,
und ich musste mich nach zwei Stunden wieder hinlegen. Als
Mom später im Hotel vorbeischaute, schlief ich gerade.

Nach einem zweiten »Tagesbeginn« und einem zweiten Früh-
stück fuhr ich die wenigen Kilometer nach Port Leyden hinü-
ber und parkte vor dem Feuerwehrhaus, einem Wahrzeichen
meiner Kindheit. Es dient dem Ort als Allzweckhalle. Auf dem
Areal ist das öffentliche Freibad, dort finden viele öffentliche
Veranstaltungen statt. Ein Spruchband verkündete: »Benefiz-
Auktion für Garth Callaghan, 26. April.« Der 26. April ist der
Geburtstag meiner Mutter, und ich war mir sicher, dass sie das
Datum bewusst gewählt hatte, damit ich an diesem Tag in ihrer
Nähe war!

Als ich den Saal betrat, entdeckte ich als Erstes Colleen. Wir
umarmten uns und unterhielten uns ein Weilchen. Die Tische
bogen sich unter der Last der Schüsseln und Töpfe. Völlig über-

wältigt war ich von der Anzahl der Spenden, die in die Hunderte gingen. Das Angebot reichte von einem selbst gezimmerten Hocker mit einem eingeschnitzten Star-Wars-Zitat bis zu einem Regal in Form eines Kanus. Da standen Geschenkkörbe mit erlesenen Weinen, daneben Körbe mit Delikatessen aus Kanada, und auf einem Tisch lag ein von der Fernsehköchin Rachael Ray signiertes Kochbuch. Ich traute meinen Augen nicht. Meine Mom hatte Rachael Ray gebeten, etwas für die Auktion zu spenden?

Dann entdeckte mich meine Mutter. Sie stolperte fast über ihre Füße, als sie mit großen Augen durch den ziemlich vollen Saal auf mich zueilte. Wie Colleen sah sie mich an diesem Tag zum ersten Mal mit weißen Haaren, einer Nebenwirkung des Medikaments, das ich nahm. Mom drückte mich an sich und wollte mich gar nicht mehr loslassen.

Mein Blick fiel auf einen Quilt, der am hinteren Ende des Saals hing. Ich trat näher, weil ich ein Muster zu erkennen glaubte. Tatsächlich, der Quilt bestand aus hundert Stoffquadraten von der Größe einer Papierserviette, und auf jedes war eine Botschaft gestickt. Ich war gerührt. Was für ein wunderschönes Kunstwerk! Ich wagte mir gar nicht vorzustellen, wie viel Arbeit da hineingeflossen war.

In den nächsten sieben Stunden konnte ich kaum einen klaren Gedanken fassen. Im Lauf des Tages fanden sich mehrere Hundert Menschen ein: Klassenkameraden aus der Highschool, Freunde aus dem Ort, der Kirche und den Nachbargemeinden, ehemalige Lehrer und sogar alte Freunde aus Kanada! Ich traf Menschen wieder, die ich seit Jahren nicht gesehen hatte. Verwandte aus anderen Teilen des Bundesstaats waren angereist. Die Auktion zog sich über Stunden hin.

Nach sechs fingen wir endlich mit dem Aufräumen an. Ich war fix und fertig, und mir war leicht übel.

Als das meiste geschafft war, verabschiedete ich mich und dankte allen Helfern. Dann fuhr ich ins Hotel zurück und ließ mir die Ereignisse des Tages durch den Kopf gehen. So viele Menschen waren gekommen, hatten ihre Zeit, ihr Talent und ihre Schätze geopfert, um mir und meiner Familie zu helfen! Ich war aufgewühlt. Zum ersten Mal seit Jahren freute ich mich darauf, meine Arztrechnungen zu bezahlen.

Die Auktion, die meine Mutter auf die Beine gestellt hatte, deckte sage und schreibe 75 Prozent meiner Kosten. Ich kann es immer noch nicht fassen und empfinde mehr Dankbarkeit, als ich je werde ausdrücken können.

Lebenselixier 4:
Lissa

Natürlich war und ist Lissa meine wichtigste Stütze. Sie hat sich auf viele Veränderungen eingelassen, um mir zur Seite zu stehen. Ich weiß, dass sie manchmal unter einem unglaubli-

chen Stress leidet. Wie sie das Tag für Tag aushält, ist mir schleierhaft.

Lissa hält unsere Familie zusammen. Sie definiert das Wort
»normal« immer wieder neu. Sie tröstet und motiviert unsere
Tochter. Sie hat mich stets ermutigt. Sie ist für mich einge-
sprungen, wenn ich körperlich oder geistig am Ende war. Ich
habe zum Beispiel den Rasen seit mindestens einem Jahr nicht
mehr gemäht. Das gehörte seit unserer Hochzeit immer zu
meinen Aufgaben. Mittlerweile hat Lissa diese Pflicht über-
nommen, ohne viel Aufhebens darum zu machen. So ersparte
sie mir das Eingeständnis, dass ich der Anforderung einfach
nicht mehr gewachsen war, und dafür bin ich ihr sehr dankbar.

Liebe Emma,
achte darauf, dass deine Freunde
wissen, wie wichtig sie dir sind.
In Liebe, dein Dad

Lissa saß neben mir, als Dr. Swainey mir erklärte, dass ich an Nierenkrebs sterben werde. Mir verschlug es den Atem. Lissa hörte die Prognose zum ersten Mal in so unverblümten Worten und interpretierte sie als »Lassen Sie uns einen anderen Blickwinkel suchen; lassen Sie uns einen neuen Weg finden« – das hatte ich nicht herausgehört. Zum Glück war sie dabei.

Wir haben zu einer neuen »Normalität« gefunden. Lissa sorgt für mich und behält immer mein Wohl im Auge. Sie kennt die Nebenwirkungen meiner Behandlung und weiß mit ihnen umzugehen. Neulich saß ich auf der Spielerbank, als Emma Softball spielte. Die Tribüne lag in der Sonne, und ich wusste, dass ich es dort nicht lange aushalten würde. Es war mir unangenehm, als einziger Vater mitten unter den aufgeregten Spielerinnen zu sitzen, aber ich wollte auch auf keinen Fall Emmas Einsatz verpassen. Also hockte ich halb im Dunkeln am Rand. Plötzlich wurde mir aus heiterem Himmel schwindlig. Im Handumdrehen stand Lissa mit einer Wasserflasche und einer Handvoll Trauben neben mir. Ich weiß nicht, wie sie so schnell von der Tribüne heruntergekommen ist oder wie sie überhaupt mitbekommen hatte, dass es mir nicht gut ging. Aber ich war heilfroh darüber.

Sie ist immer für mich da. Es tut mir unendlich leid, dass ich ihr diese Last aufgebürdet habe, denn das hat sie wirklich nicht verdient. Sie selbst ist anderer Ansicht. Sie findet, dass sie sich am Tag unserer Hochzeit, als wir im Bestattungsunternehmen die Dokumente unterzeichneten, dazu verpflichtet hat, mir in guten wie in schlechten Zeiten zur Seite zu stehen. Ich hoffe, es werden bald wieder gute Zeiten kommen.

Mein Leben wäre eine Katastrophe, wenn ich die Krankheit allein ohne meine Familie durchstehen müsste. Ich habe großes Glück, dass ich von Anfang an vier Säulen hatte, die mir Halt gaben und für meine seelische Stabilität sorgten.

Denn das ist es, was zählt. Woran würde ich denken, wenn ich nur noch einen Tag zu leben hätte? An die Jobs, die ich ergattert, die Bücher, die ich gelesen, das Geld, das ich verdient, oder die Serviettenbriefchen, die ich geschrieben habe? Nein, ich würde an die Menschen denken, die ich liebe, an die Beziehungen, die mein Leben so reich gemacht haben. An das Mädchen, das nun fast schon eine junge Frau ist.

Liebe Emma,
diese Woche wird fantastisch.
Vergiss nicht, deinen Teil dazu beizutragen.
In Liebe, dein Dad

21

Liebe Emma

Jede Phase in Emmas Entwicklung hatte ihre ganz eigenen Herausforderungen, aber sie waren alle relativ leicht zu bewältigen. Es gab ein paar kleinere Probleme, doch das ist zu erwarten, wenn man ein Kind großzieht.

Dann wurde Emma ein Teenager. Wir warteten darauf, dass der Sturm losbrach. Darauf warten wir im Grunde immer noch. Oft erinnere ich mich an die Nächte, in denen ich sie in den Schlaf wiegte und mir insgeheim wünschte, sie würde so klein bleiben. Trotz all der positiven Entwicklungen bin ich innerlich noch längst nicht bereit, sie aufs College zu schicken …!

Trotzdem weiß ich natürlich, dass es meine Aufgabe ist, sie bestmöglich aufs Erwachsenenleben vorzubereiten. Ich möchte nicht, dass sie mittelmäßig wird. Sie soll außergewöhnlich, vielseitig, anmutig, bescheiden und bemerkenswert sein. Sie soll ihre eigene Geschichte erzählen können, und andere sollen ihr gern zuhören.

Seit einiger Zeit erlauben wir Emma, hin und wieder eigene Entscheidungen zu treffen. Das ist für ihr Alter angemessen, sie ist schließlich vierzehn. In gut einem Jahr kann sie den Führerschein machen. Davor sollte sie bereits ihre Urteilsfähigkeit erprobt haben. Mein Dad war nicht besonders hilfreich, wenn es darum ging, mir bei der Entscheidungsfindung zu helfen. Er sagte oft: »Ich habe genug eigene Fehler gemacht. Für deine will ich nicht auch noch verantwortlich sein.« Obwohl ich gern eigenständig entschied, gab es doch auch immer wieder Phasen, in denen es gut gewesen wäre, wenn mich mein Dad mehr gelenkt und auch mal sein Veto ausgesprochen hätte. Bei Emma versuche ich, Raum für Entscheidungen zu lassen und auf sie einzuwirken, wenn ich der Ansicht bin, dass sie Orientierung braucht.

Irgendwann wird sie selbstständig entscheiden müssen. Wir werden nicht immer in ihrer Nähe sein. Dann, so hoffen wir, wird sie schon das Richtige tun.

Vor ein paar Wochen kam es dann doch zu unserem ersten Pubertätskonflikt. Emma war allein gewesen und hatte eine falsche Entscheidung getroffen. Sie hatte sich offensichtlich nicht gefragt: »Was hätte Dad dazu gesagt?« Ich war sehr enttäuscht.

Es ging sogar so weit, dass ich mich fragte, ob ich meine Vaterpflichten gut erfüllt und wo meine Erziehung versagt hatte. Ich weiß, dass Teenager in ihrer eigenen Welt leben und nicht unbedingt an andere denken, aber es fiel mir schwer, das zu akzeptieren. Ich war ernsthaft gekränkt und ratlos.

Emma behandelte mich wie ein rohes Ei. Sie wusste, dass ich enttäuscht war, wich meinem Blick aus und ging jedem Gespräch aus dem Weg. Wahrscheinlich glaubte sie, ich sei wütend. Ich suchte verzweifelt nach einem Leitbild, einer Richtschnur für mein Verhalten. Wir benahmen uns beide sehr unbeholfen.

Mein Dad lebte nicht mehr und konnte mir nicht mehr helfen, dabei hätte ich so gern einen väterlichen Rat gehabt. Dann dachte ich gründlich über die Situation nach, und alles regelte sich wie von allein. Warum tat ich mich so schwer? Ich hätte nicht grübeln, sondern beten sollen. Ich dachte an den einzigen »Vater«, der mir geblieben war. Was, wenn ich Gott enttäuscht hätte? Wie würde er sich verhalten und was würde er von mir erwarten?

Gott war immer für mich da. Er hat sich nie abgewandt und wird sich auch nie abwenden. Ich werde mich nie von Emma abwenden. Wie konnte ich ihr das am besten vermitteln? Ich musste an eine Situation aus meiner Kindheit denken. Mit ungefähr sieben hatte ich mir in den Kopf gesetzt, dass meine Familie mich unglaublich unfair behandelte, und war »ausgerissen«. Ich war nicht lange weggeblieben. Danach bekam ich ein Buch mit dem Titel »Der verlorene Sohn«. Darin ging es um einen Sohn, der sein Erbteil verlangte, von zu Hause weglief, das Geld verschleuderte und am Ende schmollend und beschämt wieder in sein Vaterhaus zurückkehrte. Er hatte die Absicht, sich zu demütigen und um eine Stelle als Knecht zu bitten. Sein Vater sah ihn kommen, lief ihm entgegen, hieß ihn willkommen und ließ ihm zu Ehren ein Fest ausrichten. Der Bruder des reumütigen Sohnes fragte den Vater, was das zu bedeuten habe, und der Vater antwortete ihm: »Mein Sohn, du bist immer bei mir, und alles, was mein ist, ist dein. Man muss aber feiern und sich freuen, denn dein Bruder war tot und lebt wieder, er war verloren und wurde gefunden« (Lukas 15, 31–32).

Wie oft habe ich mich von Gott abgewandt! Hat er sich jemals von mir abgewandt? Nein. Er hat immer auf meine Rückkehr gewartet und sich gefreut, wenn es so weit war.

Ich druckte die Bibelverse aus und bat Emma, sie zu lesen. Ich ließ ihr Zeit, sie auf sich wirken zu lassen, und erklärte ihr dann, was das Gleichnis meiner Meinung nach bedeutete: Der Vater steht für Gott, der Sohn für die Menschheit. Gott ist immer für uns da, ganz gleich, wie viel Mist wir gebaut haben. Wir müssen uns nur umdrehen, nach Hause gehen und bitte sagen.

Ja, sie hatte einen Fehler gemacht. Es würde nicht bei dem einen bleiben. Ja, ihr Handeln würde mich hin und wieder enttäuschen.

»Aber« – und dabei sah ich ihr in die Augen – »ich werde dich *immer* lieben. Ich werde *immer* für dich da sein. Ich werde dich *immer* unterstützen.«

Ich werde dich *immer überall* abholen.

Ich glaube, sie hat verstanden, welche Art von Vater ich für sie sein möchte. Eigentlich wollte ich über ihr Verhalten und ihre Entscheidungen sprechen, doch wahrscheinlich hatte das Gespräch so, wie es verlief, eine größere Wirkung.

Das Leben wäre so einfach, wenn ich jeden Abend im Schaukelstuhl sitzen, Emma das Fläschchen geben und sie dann wieder in den Schlaf wiegen könnte.

Aber ich würde keine Sekunde lang tauschen wollen.

Liebe Emma,
leb dein Leben so, dass es
eine gute Geschichte wird.
In Liebe, dein Dad

22

Meine Liste

In diesem Buch tauchen immer wieder kurze »Lektionen« auf. Sie sind für Emma bestimmt. Denn statt mir Gedanken darüber zu machen, was *ich* vor meinem Tod noch alles erleben möchte, lege ich lieber eine Liste für Emma an – eine Liste all der Lebenserfahrungen, die ich ihr wünsche, und dessen, was sie meines Erachtens im Lauf des Lebens lernen sollte.

Natürlich wäre es mir lieber, wenn ich meine Erfahrungen nicht auf diese Art weitergeben müsste. Viel lieber wüsste ich, dass ich immer bei ihr sein und sie durch ihr Leben begleiten könnte. Dass ich mit ihr darüber reden könnte, welches College sie am besten besucht. Dass ich mit ihr über die Beziehungen reden könnte, die sie im Lauf der Jahre eingehen wird.

Aber wir alle wissen, dass das wohl nicht der Fall sein wird. Auch wenn ich über diese Zukunftsperspektive ungern nachdenke, müssen wir sie hinnehmen.

In diesem Buch geht es mir nicht ums Sterben. Im Mittelpunkt soll das Leben stehen. Es geht darum, wie man Kindern grundsätzliche Verhaltensempfehlungen vermitteln kann. Und wir sollten ihnen jeden Tag zeigen, wie viel sie uns bedeuten. Jeden Tag steht es in unserer Macht, etwas zu bewirken. Manche Leute glauben, dass ein paar Worte auf einem Stück Papier nicht viel zählen. Doch sie zählen sehr wohl. Ich hoffe, dieses Buch macht das deutlich.

Es basiert auf einer ganz schlichten Idee. Ich bin kein außergewöhnlicher Mensch, mir wurde nur einfach ein Forum geboten, auf dem ich uns alle daran erinnern kann, dass ganz simple Dinge das Leben ausmachen. Es geht um Liebe. Es geht um Kommunikation. Es geht um kleine Mühen, die Großes bewirken können.

Eine Liste für Emma

1. Lerne, mit Kritik umzugehen.
2. Lerne, einen Toast auf jemanden auszubringen.
3. Such dir einen Chef, den du magst.
4. Lass dich kündigen.
5. Bilde dich dein ganzes Leben lang weiter.
6. Hab keine Angst, etwas zu beenden.
7. Lass dich auf die Liebe ein, auch wenn du weißt, dass die Beziehung wahrscheinlich nicht funktioniert.
8. Verschenke Geld.
9. Dein Partner sollte nicht dein Lebenszweck sein.
10. Nimm Geschenke dankbar an.
11. Lass dir erklären, wie ein Auto funktioniert.
12. Du bist nicht deine Frisur.
13. Sei bereit, von Älteren zu lernen.
14. Mach sinnvolle Geschenke.
15. Tu immer dein Bestes.
16. Fahr nie zu schnell.
17. Setz dich nie ans Steuer, wenn du zu viel getrunken hast.
18. Freunde dich mit dem Gedanken an, den öffentlichen Nahverkehr zu benutzen.
19. Verirre dich mal in einem Land, dessen Sprache du nicht verstehst.

20. Du bist allein für dein Glück verantwortlich.
21. Vergleiche deine Erfolge und Misserfolge nicht mit denen anderer.
22. Komm nie zu spät zum Unterricht.
23. Lies die empfohlene Lektüre.
24. Such dir während des Studiums einen Teilzeitjob.
25. Freunde dich mit ungewöhnlichen Menschen an.
26. Sei nicht gierig.
27. Such dir einen Job als Kellnerin.
28. Freunde dich mit einem Restaurantbesitzer an.
29. Erfinde einen Cocktail.
30. Iss Eis nur, wenn es deine Lieblingssorte ist.
31. Nimm keine Drogen.
32. Nimm deine Gefühle an.
33. Kontrolliere dein Verhalten. Du kannst deine Gefühle nicht kontrollieren, aber du kannst verhindern, dass sie dich zu schlechten Entscheidungen führen.
34. Leg das Handy mal zur Seite.
35. Dinge sind nur Dinge.
36. Sieh deinem Gegenüber in die Augen. Drück dem Betreffenden kräftig die Hand. Umarme ihn, wenn es angebracht ist.
37. Leg so viel Geld auf die hohe Kante, dass du ein halbes Jahr davon leben kannst.
38. Treib dich nicht in fremden Betten herum.

39. Verliere mit Anstand, lerne daraus und gewinne mit noch mehr Anstand.
40. Das Leben ist zu kurz, um für einen Arsch zu arbeiten.
41. Tu nichts, worüber du nicht reden kannst.
42. Lerne, ein Musikinstrument zu spielen.
43. Mach dich mit der digitalen Welt vertraut.
44. Lerne zu verzeihen.
45. Gib nicht auf.
46. Setz dich für Menschen ein.
47. Treib jede Woche regelmäßig Sport. Ohne Wenn und Aber.
48. Lerne, nein zu sagen
49. Lerne, ja zu sagen.
50. Lerne, gar nichts zu sagen.
51. Ruf an, wenn es später wird.
52. Benutze Kondome.
53. Sei immer positiv.
54. Sag: »Ich habe unrecht«, wenn es so ist.
55. Akzeptier auch am Morgen dein Gesicht im Spiegel.
56. Gib einem Freund in Not deinen letzten Cent.
57. Du bist eine Anführerin – führe.
58. Such dir ein Team, das besser ist, als du allein es wärst.
59. Es ist in Ordnung, ein wenig überqualifiziert zu sein.

Liebe Emma,
ich sehe dir gern beim Spielen zu.
In Liebe, dein Dad

Zum Schluss

Ich bin der Einzige, der so früh schon im Haus unterwegs ist. Es ist noch dunkel, und der Küchenboden fühlt sich kühl an, als ich mir meine erste Tasse Kaffee eingieße. Die Wärme, die der Becher ausstrahlt, versüßt mir die Morgenroutine. Ich öffne den Kühlschrank und hole die Zutaten für die Lunchbox heraus. Im Gemüsefach finde ich frisches Obst, darüber steht ein Glas selbst gemachte Erdbeermarmelade. Das Obst wird gewaschen und geschnitten, die Marmelade streiche ich mit Erdnussbutter auf eine Brotscheibe. Frisches Wasser ist unerlässlich. »Soll ich noch einen Keks dazulegen?«, denke ich laut. Ach, ein kleiner Keks kann nicht schaden. Das Essen für die Pause wird immer mit Liebe zubereitet und eingepackt. Viele würden es nun für vollständig halten. Ich nicht.

Der Moment der Wahrheit ist gekommen. Es gibt immer ein paar Sekunden, in denen mich der Blick auf die leere Serviette blockiert. Dann greife ich nach dem Stift – demselben Stift, mit dem ich seit Jahren unzählige Botschaften für meine Tochter geschrieben habe – und nippe nachdenklich an meinem Kaffee. Ist heute in der Schule etwas Besonderes los? Nicht dass ich wüsste. Ich gieße mir eine zweite Tasse ein und fange an zu schreiben …

Vergiss nicht, dass du großartig bist! Du bist eines der bemerkenswertesten Kinder, die ich kenne, und ich bin sehr stolz auf dich.

Das passt gut. Ich hoffe, die Botschaft kommt an. Dann ziehe ich eine zweite Serviette zu mir heran und schreibe:

Du kannst noch großartiger sein!
Ich liebe dich.

Das Wort »großartig« verwende ich bei meinen Serviettenbriefchen möglichst häufig.

Während ich die Servietten zusammenfalte, höre ich Getrappel auf der Treppe.

»Was machst du da, Opa?«, fragt eine helle Stimme.

»Bin gerade mit deinem Lunchpaket fertig. Für deinen Bruder habe ich auch schon eins gepackt. Ich finde es toll, dass ich an eurem ersten Schultag hier sein kann. Bist du aufgeregt?«

»Ja. Ich glaube, die Middle School wird ganz super. Jetzt spiele ich im Top-Team mit«, lacht das Mädchen.

Ich gebe meinen beiden Enkeln ihre Lunchpakete und einen Abschiedskuss.

Emma lächelt mich an und sagt: »Ich bin in ein paar Minuten wieder da.« Sie küsst mich auf die Wange und fährt ihre Kinder zur Schule.

ANHANG

Emmas Top 5

Ich habe im Lauf der Jahre so viele Serviettenbriefchen bekommen, dass es mir schwerfällt, meine Lieblingssprüche auszusuchen.

Gut gefallen mir Botschaften, über die man nachdenken muss. Oft klingt ein Zitat zuerst ganz einfach, aber wenn man sich die Mühe macht, darüber nachzudenken, findet man noch einen tieferen Sinn.

Wir hatten nie erwartet, dass mein Vater ein Buch über die Servietten schreiben würde, aber jetzt bin ich froh, dass es etwas gibt, was er und ich zusammen gemacht haben und das so bekannt geworden ist. Es ist auf jeden Fall etwas Besonderes.

Vor allem möchte ich meinem Dad danken. Er hat uns mit seiner Stärke Halt gegeben, obwohl er in dieser Situation eigentlich nicht derjenige sein sollte, der stark sein muss.

Liebe Emma,
du kannst nicht gewinnen, wenn du nicht spielst.
In Liebe, dein Dad

Diese Botschaft bekam ich, kurz nachdem ich ins Softballteam aufgenommen worden war. Der Satz motiviert mich, immer zum Training zu gehen und auch in anderer Hinsicht mein Bestes zu geben. Er erinnert mich an das Gefühl, das ich nach einem gewonnenen Spiel oder einem guten Training habe. Das Gefühl kann ich nicht haben, wenn ich nicht spiele. Ich muss die Initiative ergreifen, damit etwas geschieht.

Liebe Emma,
  weißt du noch, wie du ganz oben auf dem Klettergerüst warst und Colin hinaufrief: »Ich rette dich, Emma!«, und du hast geantwortet: »Ich rette mich selbst!« Sei dieses Mädchen. Sei tapfer.
                              In Liebe, dein Dad

Mein Dad hat mich immer ermutigt, stark, unabhängig und selbstbewusst zu sein. Diese Botschaft erinnert mich an früher und daran, dass ich niemanden brauche, der mich »rettet«. Sie stärkt mein Selbstvertrauen und sagt mir, dass ich meine Probleme eigenständig lösen und clevere Entscheidungen treffen kann … wozu mein Dad mich erzogen hat.

Liebe Emma,
  manchmal, wenn ich mir wünsche, dass ein Wunder geschieht, schaue ich in deine Augen und erkenne, dass ich bereits eins erschaffen habe.
                              In Liebe, dein Dad

Diesen Satz mag ich besonders, nicht nur, weil er gut für mein Selbstvertrauen ist, sondern auch, weil ich dann wieder weiß, dass ich meinem Vater das Leben ein bisschen leichter machen kann. Ich kann dazu beitragen, dass er sein Dasein und seine Gesundheit positiver sieht. Das ist mir wichtig, denn wenn er sich körperlich gut fühlt, haben wir mehr Zeit füreinander. Wenn ich sehe, dass ihm seine Medikamente zu schaffen machen, bin ich traurig. Sie können ihn manchmal wirklich umhauen, und es tut mir weh, wenn er leidet.

Liebe Emma,
es war eine verrückte Woche. Machen wir uns ein tolles Wochenende.

In Liebe, dein Dad

Diese Botschaft erinnert mich an schöne Zeiten. Ich bekam sie nach einer der Reisen, die meine Eltern mit mir nach New York unternommen haben. Unsere Trips haben Spaß gemacht, aber sie waren auch ziemlich stressig, weil wir kaum geschlafen haben und wegen der Fernsehshows einen vollgepackten Terminkalender hatten. Wir waren alle erleichtert, wenn wir wieder zu Hause waren, und als ich die Serviette mit dieser Botschaft auspackte, freute ich mich auf das Wochenende, an dem alles wieder normal sein würde. Ich war froh, weil mein Vater verstanden hatte, wie erledigt ich war, und so konnte ich den anstrengenden Schultag besser überstehen.

> *Das Leben muss nicht perfekt sein,*
> *um wunderbar zu sein.*
> Annette Funicello

Dieses Zitat ist für mich nicht so inspirierend wie die anderen, aber es bedeutet mir trotzdem viel. Es hat keinen direkten Bezug zu mir und spielt auch nicht auf eine Geschichte aus meiner Kindheit an. Ich habe es ausgesucht, weil es mir Hoffnung für meinen Dad gibt. Sein Leben ist alles andere als perfekt. Aber das bedeutet nicht, dass er nicht das Beste daraus machen und den Krebs bekämpfen kann.

Eine kleine »Serviettenphilosophie«

- Wenn Sie jemandem ein Lunchpaket oder die Tüte mit dem Pausenbrot zusammenstellen, schreiben Sie ihm etwas Nettes auf die Serviette! Darüber freut sich jeder.
- Geben Sie Ihrem Kind beim Essen eine Serviette. Es zeugt von guten Manieren, wenn man eine benutzt.
- Man muss nicht unbedingt tiefsinnige Gedanken auf die Serviette schreiben. Manchmal ist ein einfacher Gedanke oder Sinnspruch die bessere Wahl.
- Wenn man jemandem ein Serviettenbriefchen schreibt, denkt man an diese Person. Und wenn der andere die Worte liest, denkt er an den Verfasser. Das ist ein positiver Kreislauf.
- Stellen Sie Ihrem Kind das Essen für die Schule selbst zusammen. Verwenden Sie nicht zu viele Fertigprodukte. Es ist besser, wenn Sie die Zutaten selbst aussuchen, waschen, klein schneiden und einpacken. So haben Sie größeren Einfluss darauf, was Ihr Kind isst.
- Ein Mittagsimbiss aus der Cafeteria ist in der Regel die schlechtere Variante. Es ist kaum möglich, eine Serviette mitzugeben, wenn Ihr Kind sich mittags auswärts etwas zu essen kauft. Außerdem schmeckt das Selbstgemachte besser und ist gesünder.
- Auch Kindern, die noch nicht lesen können, kann man Servietten mitgeben. Es ist nie zu früh dafür. Malen Sie Stern-

chen und Herzen. Mit ein paar einfachen Wörtern wie Liebe oder Glück können Sie Familienwerte vermitteln.

- Man ist nie zu beschäftigt, um sich ein paar Worte auszudenken. Es dauert keine fünf Sekunden, »Ich liebe dich« zu schreiben.

Wie man einen Serviettenbrief schreibt

Eine leere Serviette anzustarren kann eine Herausforderung sein. Das verstehe ich. Es ist wahrscheinlich früh am Morgen, und Sie haben womöglich Ihre erste Koffeindosis noch nicht erhalten.

Seien Sie sich darüber im Klaren, was Sie dazu drängt, einen Serviettenbrief zu schreiben. Was soll die Leserin oder der Leser davon haben? Was braucht dieser Mensch gerade?

Ich beginne immer mit einem kurzen Gebet. Wenn Sie nicht beten, ist das auch in Ordnung. Nehmen Sie sich einfach einen Moment Zeit, um darüber nachzudenken, wie Sie die Serviette in etwas mehr als ein Stück beschriebenes Papier verwandeln können.

Ich schreibe zwei Arten von Botschaften. Wie Sie es halten wollen, bleibt Ihnen überlassen.

Meine erste Variante ist ein Motivationsspruch. Solche Sprüche finde ich überall. Ich lese viel und achte beim Lesen auf

Sätze, die sich für Emmas Servietten eignen. Der Spruch sollte einen Bezug zu dem jeweiligen Tag haben. Vergessen Sie nicht, den Autor anzugeben. In diesem Buch und im Internet finden sich viele Beispiele und Anregungen.

Wenn es Ihrem Kind peinlich sein sollte, einen Spruch von Mutter oder Vater zu bekommen, versuchen Sie es mit einem Code:

- Verstecken Sie die Serviette am Boden der Schachtel oder Tüte.
- Verwenden Sie Abkürzungen wie MDMMDS (»Möge die Macht mit dir sein«), DBT (»Du bist toll«) oder was immer bei Ihrem Kind Anklang findet.
- Schreiben Sie etwas auf das Innere der Serviette. Besonders clever ist es, einen Satz außen gut sichtbar hinzuschreiben, zum Beispiel »Was zählt, sind die inneren Werte«, und dann innen: »Du bist toll!«

Die zweite Art von Serviettenbrief liegt mir noch mehr am Herzen. Ich meine die ganz persönlichen Botschaften. Sie erfordern Einsatz und schaffen echte Nähe. Ich fange zum Beispiel so an:

Liebe Emma,
ich bin so stolz ...

Und dann schreibe ich, worauf ich stolz bin. Man kann nicht einfach nur behaupten, dass man stolz ist. Man muss sagen, worauf, und ein klares, konkretes Beispiel geben. Das könnte ungefähr so aussehen:

Liebe Emma,
  ich bin so stolz darauf, wie du Softball spielst.
Du lässt viel Begeisterung erkennen und bist immer fair.
Ich sehe dir gern beim Spielen zu!
                            In Liebe, dein Dad

Falten Sie die Serviette so zusammen, dass das Geschriebene innen ist, und legen Sie sie in die Box.

Gönnen Sie sich ein Lächeln. Sie haben heute etwas unternommen, um mit einem lieben Menschen in Verbindung zu bleiben.

Mehr als Servietten

Ich bin sehr froh, dass ich jeden Tag die Gelegenheit habe, für Emma ein Serviettenbriefchen zu schreiben. Essen zuzubereiten und einen Spruch hinzuschreiben erfordert eine gewisse Anstrengung und raubt mir gelegentlich die wenige Energie, die ich so früh am Morgen habe. Aber es ist die Mühe wert.

Unsere Welt wird immer digitaler. Wir beschäftigen uns fast nur noch mit unseren Smartphones und Apps. Handschriftliche Botschaften bekommen vor diesem Hintergrund eine viel größere Bedeutung als früher. Etwas Handschriftliches kann man anfassen und aufheben. Schreiben und Lesen kostet ein wenig Mühe. Eine handschriftliche Nachricht hat automatisch eine zusätzliche Dimension. Der Schreiber nimmt sich die Zeit, die Nachricht zu formulieren und zu Papier zu bringen. Der Empfänger nimmt sich die Zeit, sie zu lesen und ihre Bedeutung auf sich wirken zu lassen. Das ist ein sinnvoller Austausch.

Botschaften und Zitate müssen nicht unbedingt auf Servietten geschrieben werden. Und nicht nur Kinder freuen sich darüber. Erweitern wir doch den Kreis der Möglichkeiten auf alle kurzen, schriftlichen Botschaften, die man einem geliebten Menschen zukommen lassen kann, und überlegen wir, welche Möglichkeiten sich bieten. Das erspart uns vielleicht die Notwendigkeit, ein Essenspaket zusammenzustellen …

Gelbe Zettel auf dem Badezimmerspiegel

Post-its sind eine gute Lösung, wenn Sie vor dem Menschen das Haus verlassen, dem Sie eine Nachricht hinterlassen möchten. Mit einem Whiteboard-Marker, der sich vom Spiegel abwischen lässt, macht es noch mehr Spaß, aber dann kann man die Nachricht nicht aufheben.

Versteckte Zettelchen

Ich habe einen guten Freund, der vor Geschäftsreisen überall in seinem Haus kleine Zettelchen verteilt. Er steckt sie in Hosentaschen, in Topfhandschuhe und alle möglichen Orte, die Leuten wie mir kaum einfallen würden. Seine Familie stößt während seiner gesamten Abwesenheit immer wieder auf diese Zettel.

»Gimmicks«

Ein anderer guter Freund, der mein Faible für Star-Wars-Filme kennt, hat mir lauter kleine Plastikhelme von Darth Vader geschenkt. In jedem Helm stecken eine Süßigkeit und ein Zitat, wie bei einem »Glückskeks«. Immer wenn ich Trost oder einen zusätzlichen Motivationsschub brauche, nehme ich mir einen davon.

Lesezeichen

Lissa, Emma und ich sind regelrechte Leseratten, und so liegen immer Bücher im Haus herum. Wenn Sie möchten, dass Ihr Zettel auf jeden Fall gelesen wird, stecken Sie ihn in dem Buch, das der Betreffende gerade liest, ein Stückchen hinter dem aktuellen Lesezeichen zwischen die Buchseiten. Da bleibt er dann, bis der Leser diese Seite aufschlägt. Das funktioniert auch sehr gut bei Schulbüchern!

Pappteller

Pappteller, die man bei Picknicks und Grillpartys verwendet, eignen sich gut als »Nachrichtenträger«. Am Rand eines Papptellers ist jede Menge Platz.

Bilderbriefchen

Was machen Sie, wenn Ihnen die Idee mit den Servietten gefällt, das Kind aber noch nicht lesen kann? Geben Sie ein Bild mit! Fotografieren Sie das, was das Kind kennt – Haustiere, die Wohnung, Plüschtiere, einen Geburtstagskuchen oder Familienmitglieder. Drucken Sie die Fotos aus und legen Sie sie in das Lunchpaket. Ihr Kind wird anfangen, sich auf das Essen zu freuen. Wenn es dann erste Wörter lesen kann, schreiben Sie diese auf eine Serviette und malen Sie ein Bild dazu, das mit dem Wort in Verbindung steht.

Zettel auf dem Fahrersitz

Meine erste Botschaft von Lissa bekam ich am 2. Dezember 2013. Es war mein erster Arbeitstag in meiner neuen Firma, und sie hatte die Nachricht auf den Fahrersitz meines Wagens gelegt. Man kann auch einen Zettel hinter die Sonnenblende kleben, wenn es nicht darauf ankommt, dass er gleich gelesen wird.

Briefe

Es gibt keinen Grund, auf die traditionelle Art des Briefeschreibens zu verzichten. Jeder freut sich, wenn ihm die »Schneckenpost« etwas anderes als Rechnungen und Werbung bringt. Sie könnten sogar eine Serie von Briefen schicken, sodass eine Woche lang jeden Tag einer im Briefkasten landet.

Botschaften in Brieftasche oder Geldbeutel

Nehmen Sie einen Zettel, schreiben Sie ein paar ehrlich gemeinte Worte darauf, falten Sie ihn zusammen und schieben Sie ihn hinter eine Kreditkarte oder den Führerschein des Adressaten.

Nachrichten im Laptop

Schreiben Sie auf ein Post-it und kleben Sie es an der Innenseite eines Laptops auf das Touchpad. Schließen Sie den Deckel und freuen Sie sich im Stillen auf die Überraschung.

Zettel am Pinnbrett

Ein Pinnbrett bietet die Möglichkeit, mehreren Familienmitgliedern gleichzeitig Nachrichten zu hinterlassen und eine Kommunikation in beide Richtungen anzuregen. Lissa heftet ihre Wochenpläne oft an unser Pinnbrett, und ich male manchmal ein trauriges Emoticon neben Termine, die ich nicht mag. Familien mit jüngeren Kindern können sich ein »Wort der Woche« aussuchen, über das sie dann sprechen, zum Beispiel Freude, Liebe, Glück, Familie, Zuhause, Wahrheit, Geben, Teilen oder Vertrauen.

Zettel unter der Computermaus

Hier entpuppt sich eine kleine Irritation als Liebesbeweis! Schreiben Sie etwas Nettes auf einen gelben Zettel und kleben Sie ihn auf die Unterseite einer Computermaus. Wenn der User die Maus bewegt, passiert erst einmal gar nichts, aber schnell findet er oder sie die Nachricht.

All diese Beispiele eignen sich hervorragend für Freunde und Verwandte. Eine persönlich gehaltene Nachricht stärkt jede Beziehung. Wenn man sie regelmäßig austauscht, können solche Botschaften die Beziehung auf eine neue Ebene heben. Es ist einen Versuch wert.

Aber auch am Arbeitsplatz können wir die Kommunikationsstrukturen zum Positiven beeinflussen. Die Korrespondenz im Geschäftsleben spielt sich mittlerweile fast ausschließlich auf der Ebene von E-Mails ab. Der durchschnittliche Angestellte versendet und empfängt über hundert E-Mails am Tag. Selbst ein »Gut gemacht« des Vorgesetzten, das per Mail kommt, würde wahrscheinlich in der Flut der anderen Informationen verloren gehen.

Wie aber wäre es, wenn Ihr Vorgesetzter Ihnen auf dem Schreibtisch eine handgeschriebene Notiz hinterließe, mit der er Sie für ein gut gelungenes Projekt lobt? Wie würden Sie sich fühlen? Wie würde sich der Vorgesetzte fühlen, nachdem er die Notiz geschrieben hat?

Dank

Ich weiß nicht, wie ich all jenen danken soll, die mein Leben mitgestaltet und mich auf diesen Kampf vorbereitet haben. Euch allen gilt mein Dank.

Meiner Frau Lissa, meinem Fels in der Brandung. Du hast mich geliebt, wenn ich alles andere als liebenswert war. Du trägst meine Last, wenn ich es nicht mehr kann. Wir werden es schaffen, entgegen aller Wahrscheinlichkeit!

Meiner Mutter, die mich selbstlos und großzügig unterstützt hat.

Meiner Schwester Colleen. Gib den Kindern einen Kuss von mir. Ich bin auf ewig dankbar, dich zur Schwester zu haben.

Meinem Vater, der mir beigebracht hat, dass ich mir meine »Siege« verdienen muss. Du fehlst mir, und ich wünschte, du wärst hier.

Meiner Tante Ruth, die mich daran erinnert hat, was im Leben wirklich zählt.

Meiner Cousine Jo-Anne Estes Ebensteiner, die mir mehr als einmal zu Hilfe geeilt und ein gutes Stück auf dieser Reise mit mir gegangen ist.

Allen Callaghans und Keoughs. Ich bin sehr dankbar, zu diesen beiden Familien zu gehören.

Meinen Freunden in Port Leyden, die es zu einem solchen Vergnügen gemacht haben, in meinem Heimatort aufzuwachsen. Danke auch für das, was ihr im April für mich getan habt.

Meinem ersten echten Boss Ed Flisak, der mir beigebracht hat, was von mir verlangt wurde und wie ich meine Aufgaben bewältigen konnte.

Father Dan Brady, der mir schwere Fragen gestellt hat und die Antworten schon kannte.

Terry Martin und den Kolumbus-Rittern, die mich gerettet haben. Ihr seid genau in dem Moment auf der Bildfläche erschienen, als ich verzweifelt auf der Suche nach spiritueller Orientierung war.

Dr. Tim Bradford, der daran geglaubt hat, dass es sich zu kämpfen lohnt, und mir durch sein Engagement die bestmögliche Behandlung verschafft hat.

Dr. Craig Swainey, der Gott ins Sprechzimmer geholt hat und fest daran glaubt, dass ich den Krebs besiegen werde.

René Haines für ihre treue Freundschaft, ihre Hilfe und Beratung.

Adam Mead für die spirituellen Erkenntnisse und dafür, dass er mir ein verdammt guter Freund ist.

Kris Hall für seine Freundschaft und dafür, dass er mich nach Hause gebracht hat, als ich es am nötigsten hatte.

Ted McCall, seit fünfunddreißig Jahren mein bester Freund.

Jim Murray, der meine verrückten Ideen mit unendlichem Enthusiasmus aufgegriffen hat.

Meinen Mentoren bei Circuit City: Theresa Klotz, Dawn von Bechmann, Kay Thornberry und Jennifer Jones.

Kim Zirkle, die mir eine Chance gab, als ihr das eigentlich nicht zuzumuten war.

Alex Sheen, der es mir möglich machte, etwas zu versprechen und dann ein sehr heikles Versprechen zu halten.

Cait Hoyt, die an unsere Geschichte und Mission glaubte und sie sich zu eigen machte.

Lisa Sharkey, die sich für meinen Aufenthalt im Memorial Sloan Kettering Cancer Center in New York einsetzte und uns half, unsere Geschichte zu erzählen.

Amy Bedell für die wertvollen Tipps, als wir anfingen, unsere Geschichte zu erzählen.

Cindy DiTiberio für ihre Geduld, Hilfestellung und Begeisterung, ohne die es dieses Buch nicht gäbe.

Allen, die für mich gebetet und mich auf meinem Weg begleitet haben.

Und last, but not least Nicole Kiniry. Nicole, du hast mich unterstützt wie kaum ein anderer. Du findest mit deiner wunderbar beruhigenden Stimme immer das rechte Wort zur rechten Zeit, und du schaffst es, dass ich mich auf meine Arzttermine freue. Du kümmerst dich um mich, als wäre ich dein Bruder, und ich könnte diesen Weg nicht gehen, ohne dass du mir die Richtung weist. Du warst stets mein Schutzengel. Danke, dass du für mich da bist. Ohne dich würde ich es nicht zu meinen Terminen schaffen. Danke, dass du mir immer Kontrastmittel mit Vanillegeschmack gibst. Demnächst werde ich welches mit Guinness-Geschmack erfinden. Versprochen!

Folgen Sie Garth Callaghan auf:

facebook.com/napkinnotes

www.napkinnotesdad.com